सिक्खों के दस गुरु

सृष्टि के आरम्भ से ही विधाता का एक नियम चला आ रहा है। जब भी संसार में अत्याचार और अन्याय अपनी चरम सीमा पर पहुंच जाते हैं, किसी महामानव का जन्म होता है, जो अपनी वाणी से और अपने कार्यों से सत्य के एक ऐसे दीप को प्रज्वलित करता है, जिसका आलोक अत्याचार, अन्याय और अधर्म के उस प्रगाढ़ तथा भयंकर अन्धकार को दूर करके दीन-दुःखियों और पीड़ितों का मार्गदर्शन करता है और अत्याचारियों, अन्यायियों और अधर्मियों को सत्य, धर्म, न्याय और दया के मार्ग पर चलने के लिए प्रेरित करता है।

सिक्खों के दस गुरुओं ने धर्म के प्रचार एवं प्रसार के लिए जो अद्वितीय त्याग और बलिदान किया, उसका संसार में उदाहरण नहीं मिलता।

प्रस्तुत है सिक्खों के दस गुरुओं का अनुकरणीय संघर्षमय, त्याग एवं बलिदान से भरा जीवन चरित्र।

सिक्खों के दस गुरु

प्रो. गुरप्रीत सिंह

डायमंड बुक्स

प्रकाशक : डायमंड पॉकेट बुक्स (प्रा.) लि.
X-30 ओखला इंडस्ट्रियल एरिया, फेज-II
नई दिल्ली-110020
फोन : 011-40712200
ई-मेल : wecare@diamondbooks.in
वेबसाइट : www.diamondbooks.in
संस्करण : 2025

Sikkhon Ke Dus Guru
By : Prof. Gurpreet Singh

अनुक्रमणिका

गुरु नानक देव

सृष्टि के आरम्भ से ही विधाता का एक नियम चला आ रहा है। जब भी संसार में अत्याचार और अन्याय अपनी चरम सीमा पर पहुंच जाते हैं, किसी महामानव का जन्म होता है, जो अपनी वाणी से और अपने कार्यों से सत्य के एक ऐसे दीप को प्रज्चलित करता है, जिसका आलोक अत्याचार, अन्याय और अधर्म के उस प्रगाढ़ तथा भयंकर अन्धकार को दूर करके दीन–दुःखियों और अधर्मियों को सत्य, धर्म, न्याय और दया के मार्ग पर चलने के लिए विवश कर देता है।

भगवान श्रीकृष्ण ने गीता में स्वयं कहा था—

> **"यदा यदा हि धर्मस्य ग्लानिर्भवति भारत।**
> **अभ्युत्थानमधर्मस्य तदात्मानं सृजाम्यहम्।**
> **परित्राणाम साधूनां, विनाशाय च दुष्कृताम्।**
> **धर्म संस्थापनार्थाय संभवामि युगे-युगे"।**

पन्द्रहवीं शताब्दी में भी भारत की वही स्थिति थी, जो द्वापर में महाभारत के युद्ध से पूर्व थी। मुसलमानों के निरन्तर होने वाले आक्रमणों से देश जर्जर हो चुका था। सारा देश, विशेष रूप से उत्तरी भारत, मुसलमानों की दासता की बेड़ियों में जकडा त्राहि–त्राहि कर रहा था। चारों ओर मुसलमान शासकों के अत्याचार, अन्याय और अनाचार की आंधियां चल रही थीं। हिन्दुओं को जबर्दस्ती मुसलमान बनाया जा रहा था। केवल हिन्दू धर्म ही नहीं, समूचा मानवधर्म विनाश के कगार पर जा खड़ा हुआ था।

अंधकार के उस युग में सन् 1469 के कार्तिक मास की पूर्णिमा को जब आकाश पर जगमगाता पूर्णिमा का चन्द्रमा अपनी धवल–दूधिया किरणों से प्रकृति पर फैले अन्धकार को दूर करने का प्रयास कर रहा था, मानव जाति में फैले अत्याचार, अन्याय, अधर्म और अनाचार के तिमिर को दूर करने के लिए पंजाब के एक छोटे से नगर तलवंडी में कालूराय बेदी की धर्मपत्नी तृप्ता देवी के गर्भ से एक शिशु ने जन्म लिया, जिसने बड़ा होकर अपना समूचा जीवन धार्मिक कट्टरता और धर्म के नाम पर होने वाले अत्याचारों और अनाचारों का विनाश करने के लिए समर्पित कर दिया।

कालूराय बेदी तलवंडी के शासक राय दुलार के प्रधान पटवारी थे। साथ ही अत्यधिक विश्वासपात्र भी। घर में धन–धान्य और चल–अचल सम्पत्ति की कोई कमी नहीं थी। इसलिए, शिशु का जन्मोत्सव बड़ी धूमधाम से मनाया गया। तृप्ता देवी ने पुत्री नानकी के जन्म के कई वर्ष बाद पुत्र को जन्म दिया था। इसलिए खुशी और भी दूनी हो गई थी। बहिन का नाम ननिहाल में अधिक रहने के कारण नानकी पड़ गया था, इसलिए लोग शिशु को नानक के नाम से पुकारने लगे।

बचपन से ही बालक नानक की विशेषताएं स्पष्ट दिखाई देने लगी थीं। जब और साथी बच्चे खेल–कूद में लगे होते, बालक नानक किसी पेड़ के नीचे जा बैठते और आंखें मूंदकर 'सत करतार' का जाप करने लगते। और जब कोई बच्चा उनके पास आ बैठता तो उसे भी अपने साथ नाम सुमिरन में शामिल कर लेते।

पांच वर्ष की आयु में पिता ने उनकी पढ़ाई की व्यवस्था कर दी। वह पंडित गोपाल के पास जाने लगे। वह इतने कुशाग्र बुद्धि के थे कि कुछ ही दिनों में उन्होंने गोपाल पंडित को यह स्वीकार करने पर विवश कर दिया कि वह स्वयं जितना पढ़ा–लिखा है बालक नानक उससे कहीं अधिक विद्वान और ज्ञानवान है।

जब गोपाल पंडित ने मेहता कालूराय को उनके पुत्र की पढ़ाई सम्पूर्ण हो जाने के बारे में बताया तो उन्होंने बालक नानक को फारसी की शिक्षा प्राप्त करने के लिए मौलवी कुतबुद्दीन के पास भेज दिया। लेकिन मौलवी कुतबुद्दीन ने भी कुछ दिनों बाद यह घोषित कर दिया कि बालक नानक फारसी भाषा का विद्वान है।

बालक नानक की योग्यता और ज्ञान को देखकर पंडित गोपाल और मौलवी कुतबुद्दीन, दोनों ही हैरान रह गये थे।

जैसे ही गोपाल पंडित ने बालक नानक से कहा, "बोलो बेटा, ओउम्।"

बालक नानक ने पूछा, "पंडित जी, ओउम् शब्द का अर्थ क्या है?"

एक नन्हे से बालक के मुंह से इतनी बड़ी बात सुनकर गोपाल पंडित आश्चर्य से उनका मुंह देखते रह गए।

"मैं बताऊं पंडित जी?" बालक नानक ने गोपाल पंडित को परेशान देखकर पूछा।

"हां बताओ।"

बालक नानक ने एक शब्द के माध्यम से ओउम् शब्द का विस्तार से अर्थ बता दिया।

"धन्य हो नानक तुम नहीं मैं तुम्हारा शिष्य हूं" गोपाल पंडित ने बालक नानक की विद्वता के आगे सिर झुकाते हुए कहा।

ठीक यही स्थिति हुई मौलवी कुतबुद्दीन साहब की।

"पढ़ो बेटा, अलिफ," मौलवी साहब ने पहले अक्षर पर उंगली रखकर कहा।

"मौलवी साहब, अलिफ के मायने क्या हैं?"

बेचारे मौलवी कुतबुद्दीन खुद नहीं जानते थे कि अलिफ के मायने क्या हैं। नानक ने फारसी में एक शब्द के माध्यम से अलिफ की व्याख्या की, तो मौलवी कुतबुद्दीन ने मेहता कालूराय से कहा, "मेहता, आपका बेटा तो खुद खुदा का रूप है। यह तो सारी दुनिया को पढ़ा सकता है।"

बालक नानक के ज्ञान और विद्वता ने जब वह छोटे से थे, तभी से बड़े-बड़े विद्वानों को चकित करना आरम्भ कर दिया था।

उनके जीवन के आरम्भिक काल से ही ऐसी घटनाएं होने लगी थीं, जिन्हें देखकर लोग उन्हे विलक्षण और चमत्कारी बालक मानने लगे थे। लोगों के मन में यह विश्वास घर कर गया था कि भगवान ने ही नानक के रूप में अवतार लिया है।

उच्च जात के हिन्दुओं और विशेष रूप से ब्राह्मणों में यज्ञोपवीत संस्कार का अत्यधिक महत्त्व है। इसे बालक का दूसरा जन्म कहते हैं।

मेहता कालूराय ने अपने बेटे के यज्ञोपवीत संस्कार की तैयारी बड़ी धूम–धाम से की।

लेकिन जब गोपाल पंडित उन्हें यज्ञोपवीत पहनाने लगे तो उन्होंने कहा, "पंडित जी, धागे के इन टुकड़ों पर मेरा विश्वास नहीं है। धागे के कुछ टुकड़ों को गले में डाल लेने से किसी का मन कैसे पवित्र हो सकता है। मन तो पवित्र होता है, अच्छे आचरण से।"

बालक नानक की यह बात सुनकर सब लोग दंग रह गए। बचपन से ही नानक तत्कालीन हिन्दू समाज में धर्म के नाम पर फैली कुरीतियां, ढोंग और आडम्बरों के विरुद्ध थे। ब्राह्मणों ने अपना पेट भरने के लिए कुछ कह के धार्मिक अनुष्ठान करने आरम्भ कर दिए थे। जन्म से लेकर मृत्यु तक ही नहीं, मृत्यु के बाद भी वह लोगों का पीछा नहीं छोड़ते थे। जो लोग धन–सम्पन्न थे, वे किसी–न–किसी प्रकार ब्राह्मणों के इन धार्मिक अनुष्ठानों को पूरा कर देते थे। लेकिन अधिकांश जनता धर्म के नाम पर होने वाले इन अत्याचारों को बर्दाश्त नहीं कर पाती थी। नानक ने बचपन से ही इन कुरीतियों के विरुद्ध आवाज उठानी आरम्भ कर दी थी।

धार्मिक कुरीतियों के साथ–साथ धार्मिक कट्टरता और भेद–भाव का भी उन्होंने बचपन से ही विरोध करना आरम्भ कर दिया था। इसका जीता जागता उदाहरण है भाई मरदाना—उनका बचपन का साथी, जिसने मुस्लिम परिवार में जन्म लिया था, लेकिन बिना किसी भेद–भाव के वह जीवन भर नानकदेव के साथ रहा। देश में, विदेश में वह जहां कहीं भी गए मरदाना उनके साथ ही रहा। गुरु नानकदेव के विचारों और शिक्षाओं के प्रसार–प्रचार में भाई मरदाना का महत्त्वपूर्ण योग रहा है। नानकदेव के शब्दों को भाई मरदाना ने अपने रबाब के संगीतमय सुरों के साथ जनमानस के अन्तर की गहराइयों तक पहुंचा दिया था।

बचपन से ही बालक नानक की चित्तवृत्ति अन्य बालाकों से भिन्न थी। वह हर समय खामोश रहते थे। जैसे किसी गहरे विचार में डूबे हों। पिता ने उनकी यह उदासीनता देखकर, उन्हें अपने पशुओं को चराने का काम सौंप दिया। वह मुंह अंधेरे ही पशुओं को लेकर जंगल में चले जाते और दिनभर पशुओं को चराने के बाद सांझ को घर लौटते।

कितने आश्चर्य की बात है, संसार में नानकदेव से पहले दो ऐसे महामानव हो चुके थे, जिन्होंने बचपन में पशुओं को चराने का काम किया था। योगीराज कृष्ण और हजरत ईसा मसीह। कृष्ण ने बचपन में गायें चराई थीं और ईसा ने बकरियां। ठीक उन्हीं की तरह नानकदेव ने भैंसें चराई थीं।

नानकदेव भैंसों को जंगल में ले जाकर चरने के लिए छोड़ देते और स्वयं किसी पेड़ के नीचे बैठकर 'सत् करतार' के ध्यान में डूब जाते। एक दिन वह एक पेड़ के नीचे ध्यान मग्न बैठे थे। बैठे–बैठे उन्हें नींद आ गई और वह पेड़ की छांव में लेट गए और उन्हें गहरी नींद आ गई।

तभी तलवंडी का शासक राय दुलार अपने घोड़े पर सवार उस ओर आ निकला। उसने देखा एक बालक पेड़ के नीचे सोया हुआ है और एक भयंकर नाग उसके सिरहाने बैठा अपने विशाल फन से उस बालक के चेहरे पर पड़ने वाली सूरज की तीखी–तपती किरणों को रोक रहा है। पेड़ की छांह जिस ओर हट जाती है, नाग उसी ओर अपने फन की छांव कर देता है।

यह दृश्य देखकर राय दुलार दंग रह गया। वह समझ गया कि नंगी जमीन पर सोया यह बालक कोई साधारण बालक नहीं है। बड़ा होकर या तो वह महान सम्राट बनेगा या महान सन्त।

जब बालक की नींद टूटी, तो नाग ने उसके चेहरे के ऊपर से अपना फन हटा दिया और चुपके से एक झाड़ी में सरक गया।

पास जाकर राय दुलार ने देखा, वह बालक और कोई नहीं, उसी के प्रधान पटवारी मेहता कालू का बेटा, नानक है।

बस, उसी दिन से उसके मन में बालक नानक के प्रति अपार श्रद्धा और भक्ति के बीच अंकुरित हो गए।

राय दुलार के मुंह से जिसने भी यह घटना सुनी आश्चर्य–चकित रह गया। बालक नानक के प्रति नगर–निवासियों के मन में यह धारणा दृढ़ हो गई कि निःसंदेह यह बालक चमत्कारी बालक है।

एक दिन नानकदेव अपने पशुओं को चराने ले गए। उन्होंने रोजाना की तरह, पशुओं को चरने के लिए छोड़ दिया और स्वयं एक पेड़ के नीचे जा बैठे और ध्यानमग्न हो गए। पास ही एक किसान का खेत था। फसल लहलहा रही थी। उसे देख पशु उसी खेत में घुस गए। उन्होंने

खूब डट कर खाया। उनके इधर–उधर आने–जाने से खेत के पौधे कुचल गये। और पेट भर जाने के बाद सारे पशु उसी खेत में बैठ कर जुगाली करने लगे।

अचानक उस खेत का मालिक किसान उधर आ निकला। उसने देखा, पशुओं ने सारी फसल खाने के बाद रौंद डाली है और उसी में जमे बैठे हैं। उसने पेड़ के नीचे ध्यानमग्न बैठे बालक नानक को पकड़ लिया और उन्हें रायदुलार के पास ले गया।

"क्या बात है? तुम नानक को पकड़ कर क्यों लाए हो?" राय दुलार ने पूछा।

"हुजूर, इसके पशुओं ने मेरे खेत की सारी फसल चौपट कर दी है। अब उसमें आइन्दा एक दाना भी नहीं होगा। मुझे इसके पिता से हरजाना दिलाया जाए।" किसान ने कहा।

राय दुलार ने पास ही बैठे मेहता कालू से कहा कि वह उस किसान का जितना भी नुकसान हुआ है, उसकी भरपाई करे।

खेत में होने वाले नुकसान का अन्दाज लगाने के लिए राय दुलार ने अपने कुछ आदमियों को खेत पर भेज दिया।

किसान के साथ जब राय दुलार के भेजे हुए आदमी खेत पर पहुंचे तो किसान के आश्चर्य की सीमा नहीं रही। खेत का एक भी पौधा टूटा नहीं था। सारा खेत पहले से भी कहीं अधिक लहलहा रहा था।

राय दुलार की अप्रसन्नता से डरकर किसान घर भाग गया। राय दुलार के भेजे आदमियों ने जब उसे लौटकर बताया कि खेत में रत्तीभर भी नुकसान नहीं हुआ है और खेत में खड़ी फसल ज्यों–की–त्यों हरी–भरी है और लहलहा रही है, तो राय दुलार और अन्य सभी लोग हैरान रह गए। राय दुलार के मन में बालक नानक के प्रति जो श्रद्धा और सम्मान था और भी बढ़ गया।

उस दिन की घटना के बाद मेहता कालूराय ने अपने बेटे को पशुओं को चराने के लिए जंगल में भेजना बन्द कर दिया। नानकदेव घर में ही रहने लगे। लेकिन इस तरह, जैसे घर में रहते हुए भी वह घर में न हों। वह हर समय अपने विचारों में डूबे रहते थे।

अपने इकलौते बेटे को इस तरह उदास देखकर मेहता कालूराय ने नानक को बीस रुपए दिए और उनके बचपन के मित्र, बाला को

बुलाकर कहा, "बेटा! नानक, तुम बाला के साथ शहर चले जाओ और कोई व्यापार करो। लेकिन जो भी व्यापार करो, खरा और सच्चा हो। धीरे–धीरे तुम व्यापार करना सीख जाओगे।"

पिता की आज्ञानुसार नानकदेव भाई बाला के साथ शहर की ओर चल पड़े। जब वह शहर के निकट पहुंचे तो उन्हें जंगल में कई साधु–संन्यासी एक स्थान पर जय–जय करते दिखाई दिए। साधु–सत्संग के लोभी नानकदेव ने उन्हें प्रणाम किया। वे साधु–संन्यासी कई दिन के भूखे थे। उन्होंने अपनी यह समस्या नानकदेव के सामने रखी, तो उन्हें कई दिन से भूखे साधु–संन्यासियों पर दया आ गई।

"पिताजी ने कहा था, जो भी व्यापार करना, खरा और सच्चा करना। भूखे इनसानों की भूख मिटाने से अच्छा, सच्चा और खरा व्यापार और क्या हो सकता है।" नानकदेव ने मन–ही–मन कहा और फिर साधु–संन्यासियों को आश्वासन देकर भाई बाला के साथ शहर चले गये।

शहर से खाने–पीने का सामान लाकर उन्होंने भोजन बनाने में भूखे साधु–संन्यासियों की सहायता की। जब वे लोग भरपेट भोजन कर चुके तो नानकदेव ने देखा, पिता ने व्यापार के लिए जो पूंजी दी थी, समाप्त हो चुकी है।

"बिना पूंजी के कोई भी व्यापार किया नहीं जा सकता", उन्होंने भाई बाले से कहा और पलट कर अपने गांव की ओर चल दिए।

पुत्र को इतनी जल्दी लौट आया देखकर मेहता कालूराय को हैरानी हुई। उन्होंने बेटे से इतनी जल्दी लौट आने का कारण पूछा तो बेटे ने कहा, "पिताजी, आपने ही तो कहा था कि जो भी व्यापार करना सच्चा और खरा करना। मेरे विचार से भूखों को भोजन कराने से अधिक सच्चा और खरा व्यापार और क्या हो सकता था। उन भूखे इनसानों का पेट भरने में आपकी दी हुई सारी पूंजी खत्म हो गई। इसलिए मैं घर लौट आया हूं।"

मेहता कालूराय को बेटे की इस हरकत पर बहुत गुस्सा आया। उन्होंने दो–चार चांटे बेटे के गाल पर जड़ दिए।

इस बात का पता राय दुलार को लगा तो उसने मेहता कालूराय को बुलाया, अपनी अप्रसन्नता प्रकट की। और बीस रुपए उन्हें देते हुए कहा, "आज से नानक मेरा है। यह तुम्हारा जो भी नुकसान करे

मुझसे ले लेना। लेकिन नानक को कुछ मत कहना।''

कहते–कहते रायदुलार की आवाज भर्रा उठी। उनकी आंखों से आंसू बहने लगे।

मेहता कालू की दो ही सन्तानें थीं—पुत्र नानक और उनसे कई वर्ष बड़ी पुत्री नानकी। नानकी का विवाह हो चुका था। उसके पति जयराम सुलतानपुर के नवाब लोदी के यहां एक उच्च पद पर कार्य करते थे। सुलतानपुर कपूरथला के पास बेई नदी के किनारे बसा एक सुन्दर नगर था।

मेहता कालूराय ने पुत्र की उदासीनता देखकर उन्हें अपनी बेटी नानकी के पास सुलतानपुर भेज दिया। नानकी अपने छोटे भाई को बेहद प्यार करती थी। साथ ही वह यह भी जानती थी कि उसका भाई कोई साधारण इनसान नहीं है। पिता कालू मेहता का विचार था कि इतने बड़े शहर में सबसे अधिक प्यार करने वाली बहिन के पास रहने पर, नानकदेव की यह उदासी दूर हो जायेगी। वातावरण बदलने पर, उनके स्वभाव में भी परिवर्तन आ जायेगा। दुनियादारी के कामों में दिलचस्पी पैदा हो जायेगी। किसी कारोबार के प्रति रुचि जाग जायेगी।

नानकी के पति जयराम बहुत ही सज्जन और ईमानदार थे। इसलिए नवाब लोदी उनका बहुत सम्मान करते थे। जब नानक को सुलतानपुर में रहते हुए कुछ दिन बीत गए तो जयराम ने नानकी से सलाह–मशवरा करने के बाद नानक को नवाब के महल में नौकरी दिलवा दी। नवाब ने उन्हें मोदी खाने अर्थात शाही भंडारघर का इंचार्ज नियुक्त कर दिया।

नानकदेव सुबह होते ही मोदीखाने में आ बैठते और गई रात तक काम करते रहते। उनके बहनोई जयराम और बहिन नानकी को यह देखकर बड़ी प्रसन्नता हुई। साथ ही सन्तोष भी हुआ कि अब नानक काम–काज में रुचि लेने लगे हैं।

भूखे–नंगे, अभावग्रस्त लोगों की सहायता करने की नानक की ख्याति, उनके साथ–साथ सुलतानपुर तक पहुंच चुकी थी, जब भी किसी आदमी को किसी चीज की जरूरत होती, वह नानक के पास मोदी खाने में पहुंच जाता। नानकदेव उसकी पूरी–पूरी सहायता करते। भूखे–नंगे और अभावग्रस्त लोगों की सहायता करने के महान कार्य ने बहुत जल्द नानकदेव को किशोरावस्था में ही लोकप्रिय बना दिया था। सुलतानपुर

आने के बाद, वे पूरे शहर में विख्यात हो गए।

उनकी दिनोदिन बढ़ती लोकप्रियता और ख्याति को देखकर, नवाब के अनेक दरबारी और मोदीखाने के कर्मचारी उनसे जलने लगे। नवाब लोदी स्वयं उनका प्रशंसक था। उनके विचार उसके कानों तक पहुंच चुके थे।

''ना कोऊ हिन्दू ना कोई तुरक'' नानकदेव जी कहा करते थे, ''इस संसार में जितने भी मनुष्य और अन्य प्राणी हैं, सभी उस एक ही अकाल पुरुष की सन्तान हैं, जिसने इस सृष्टि की रचना की है।''

उस समय भारत के अनेक प्रान्त मुसलमानों के अधिकार में आ चुके थे। वे अपने धर्म इस्लाम को अन्य धर्मों की अपेक्षा कहीं अधिक मानते थे। कट्टरपंथी मुसलमान नानकदेव के धर्मनिरपेक्ष और सर्वधर्म समभाव के विचारों से बहुत ही ना–खुश थे।

मोदीखाने में जो कोई कुछ भी मांगने आता, नानकदेव उसे तत्काल दे देते। लेकिन, उसका हिसाब–किताब कहीं नहीं रखते थे। मोदीखाने के कर्मचारियों को चिन्ता होने लगी कि कहीं नानक मोदीखाने को लुटा कर भाग न जाएं। अगर ऐसा हुआ तो जयराम मुसीबत में पड़ जायेंगे।

कुछ दरबारियों ने नवाब से आकर शिकायत की, तो नवाब ने जयराम को आदेश दिया कि मोदीखाने के माल का निरीक्षण किया जाए। क्योंकि उन्हीं की सिफारिश और जमानत पर नानकदेव को मोदीखाने का इंचार्ज बनाया गया था। इसलिए मोदीखाने के हिसाब में जो भी कमी हो, उसे जयराम पूरा करें।

जयराम और दरबार के कुछ अन्य कर्मचारी, इस काम में जुट गए। सभी को विश्वास था कि जिस ढंग से नानकदेव ने मोदीखाने का सामान जरूरतमन्दों को बिना लिख–पढ़ बांटा है, वह जरूर कम हुआ होगा। लेकिन जब मोदीखाने की एक–एक चीज की अच्छी तरह नाप–तोल की गई, तो किसी भी सामान में रत्ती भर की भी कमी नहीं मिली।

यह देखकर जहां नानकदेव के विरोधियों के चेहरे पीले पड़ गए वहां नवाब को बड़ी खुशी हुई। उसने शिकायत करने वालों को बुरी तरह फटकारा और उन्हें चेतावनी दी कि अगर भविष्य में उन्होंने नानकदेव की इस तरह झूठी शिकायत की तो उन्हें कड़ी सजा दी जायेगी।

नवाब की इस चेतावनी ने विरोधियों के दिलों में धधकती ईर्ष्या

और द्वेष की आंग् और अधिक भड़का दी, और दरबार में उनकी बेइज़्ज़ती हुई थी, वे उसे भूल नहीं पा रहे थे। उन्होंने नानकदेव के विरुद्ध शहर के मुस्लिम धर्म के नेताओं को भड़काना शुरू कर दिया।

नानकदेव की आयु अट्ठारह वर्ष की हो चुकी थी। माता–पिता, बहिन नानकी और उसके पति ने सोचा कि नानक की उम्र विवाह के योग्य हो चुकी है। यों तो उस जमाने में बारह–चौदह वर्ष की आयु में ही लड़कों की शादियां हो जाती थीं। लेकिन नानक विवाह से इनकार करते रहे थे। इसलिए अट्ठारह वर्ष तक कुंवारे रह गए थे। लेकिन इस बार परिवार के सदस्यों और अन्य शुभचिन्तकों के अत्यधिक दवाब के आगे इनकार बेकार सिद्ध हो गया और संवत् 1544 में ज्येष्ठ मास की 24 वीं तिथि को बटाला निवासी मूलचंद्र खत्री की बेटी सुलक्षिणी के साथ उनका विवाह धूम–धाम से सम्पन्न हो गया।

लेकिन विवाह की स्वीकृति नानकदेव ने तभी दी थी, जब उनके पिता और उनके ससुराल के लोगों ने सीधे–सादे ढंग से विवाह करना स्वीकार कर लिया था। उन्होंने अपने विवाह के समय बरसों से चली आती धार्मिक रीति–रिवाजों का बहिष्कार करके सीधे–सादे ढंग से विवाह किया। उन्होंने और सुलक्षिणी ने अकाल पुरुष को साक्षी मानकर प्रतिज्ञा की कि वे पति–पत्नी के रूप में दोनों जीवन के अन्त तक एक–दूसरे का साथ निभायेंगे।

विवाह के उपरान्त नानकदेव अपनी पत्नी सुलक्षिणी के साथ सुलतानपुर में ही रहे और नवाब के मोदीखाने में काम करते रहे।

नानकदेव जब कोई चीज तराजू से तोलते थे, तो एक–दो–तीन गिनते हुए बारह तक तो ठीक ढंग से गिनते थे लेकिन तेरह को तेरा कहने के बाद, जितना भी सामान तौलते थे, 'तेरा' 'तेरा' के अतिरिक्त उनके मुंह से और कोई शब्द नहीं निकलता था। लेकिन माल पूरा तुल जाता था।

लोगों ने ज़ब उनसे इसका कारण पूछा तो उन्होंने कहा, "मैं तो केवल भगवान का सुमिरन करता हूं कि हे प्रभू मै तेरा हूं। यह माल और पूंजी सब कुछ तेरी ही है। मैं तो तेरा बनिया हूं। जो लोग माल लेने आते हैं, उन्हें सन्देह होता है कि मुझे गिनना नहीं आता। मैं गिनती नहीं जानता। क्योंकि मैं 'तेरा' कहता हूं। इससे आगे नहीं गिनता। अब

इन्हें कौन समझाए मैं तो केवल तुम्हारा गुणगान करता हूं। यह बात ये तभी समझ पायेंगे, जब इनके मन में भी तेरी भक्ति और विश्वास पैदा होगा।''

नानकदेव लोगों के प्रश्नों के उत्तर शब्दों के माध्यम से इसी प्रकार दिया करते थे। इन शब्दों को वह भाई बाला और भाई मरदाना को फुर्सत की घड़ियों में सुना देते थे और मरदाना उन्हें याद करके अपने रबाब के सुरों के साथ जन–साधारण को सुनाया करते थे।

नानकदेव से ईर्ष्या करने वालों की कमी नहीं थी। वे चाहते थे कि किसी भी तरह नानकदेव को वहां से हटवाकर अपने किसी आदमी को इस काम पर लगवा दें, ताकि उस आदमी के माध्यम से फिर पहले की तरह मोदीखाने के माल पर हाथ साफ कर सकें।

हालांकि उनकी शिकायत का कोई प्रभाव नहीं पड़ा था। हिसाब–किताब ठीक निकलने पर ईर्ष्या करने वालों के मुंह बन्द हो गए थे। लेकिन नानकदेव इस घटना से जान गए थे कि उनसे ईर्ष्या करने वालों की ईर्ष्या इस घटना के बाद द्वेष में बदल गई है। इसलिए, वह मोदी खाने के काम से छुट्टी पा लेनां चाहते थे।

वे उचित अवसर की प्रतीक्षा करने लगे।

नानकदेव का प्रतिदिन का नियम था कि मुंह अंधेरे ही जब सारा शहर नींद की गोद में बेसुध पड़ा होता था, वह जाग जाते थे और एक सेवक के साथ शहर के साथ बहने वाली नदी के किनारे चले जाते थे। और स्नान करने के बाद, किनारे पर खड़े किसी भी पेड़ के नीचे बैठकर भगवान का सुमिरन करते रहते थे।

प्रतिदिन की तरह, एक दिन नानकदेव अन्य दिनों की अपेक्षा, निश्चित समय से कुछ पहले जाग गए और सेवक के साथ नदी के किनारे पहुंच गए।

नौकर ने तो नदी में जल्दी–जल्दी एक डुबकी लगाई और किनारे पर आ गया। लेकिन नानकदेव नदी की धार में घुसते चले गए। किनारे पर बैठा सेवक उन्हें नदी के बीचोबीच पहुंचता देखता रहा।

नानकदेव ने धारा के बीचोबीच पहुंचकर एक डुबकी लगाई। किनारे पर बैठे सेवक ने उन्हें डुबकी लगाते हुए देखा और अपने गीले कपड़े नदी में धोने लगा।

उसने कपड़े धोए और सूखने के लिए किनारे पर घास पर डाल दिए।

सहसा उसे नानकदेव की सुध आई। काफी देर हो चुकी थी, लेकिन नानकदेव नदी में स्नान करके किनारे पर नहीं आए थे।

सेवक ने परेशान होकर नदी की धारा में उस स्थान की ओर देखा, जहां नानकदेव ने डुबकी लगाई थी।

लेकिन उसे नानकदेव कहीं भी दिखाई नहीं दिए। नदी की धारा में दूर तक उसने नजरें दौड़ाईं। लेकिन नदी पूर्ववत् शान्त बह रही थी। उसकी सतह पर दूर तक कुछ भी दिखाई नहीं दे रहा था।

नदी की धारा के बीचोबीच जहां नानकदेव ने डुबकी लगाई थी, वहां नदी की गहराई कुछ अधिक थी। सेवक ने सोचा, उस गहरे जल में डुबकी लगाने के बाद नानकदेव नदी की गहराई में समाते चले गए। इतने गहरे जल में डुबकी लगाकर सतह पर आ जाना मामूली बात नहीं थी। सेवक को विश्वास हो गया कि नानकदेव नदी में डूब गए।

वह रोता-चीखता जयराम के घर पहुंचा। जब उसने नानकदेव के नदी में डूब जाने के बारे में जयराम को बताया तो उनके घर में हाहाकार मच गया। जयराम, नानकी और परिवार के अन्य सदस्य नदी की ओर भागे आये।

पलक झपकते ही नानकदेव के नदी में डूब जाने की खबर पूरे शहर में जंगल की आग की तरह फैल गई। जिसने भी सुना नदी की ओर भाग चला। थोड़े से दिनों में ही सुलतानपुर में नानकदेव इतने लोकप्रिय हो गए थे किं थोड़ी-सी ही देर में सारा शहर नदी के किनारे आ इकट्ठा हुआ। लोग धाड़ें मार-मारकर रोने लगे। नानकदेव के नदी में डूब जाने का दुःख सभी को हुआ।

लेकिन उन्हीं में वे लोग भी थे, जो नानकदेव से जलते थे। उनसे ईर्ष्या करते थे। जिन्होंने उनकी शिकायत नवाब से की थी। उन लोगों का कहना था कि नानक ने नवाब के मोदीखाने में जरूर गड़बड़ की होगी। और पकड़े जाने के डर से नदी में कूदकर आत्महत्या कर ली। जितने मुंह उतनी बातें थीं।

गोताखोरों ने नदी की धारा कोसों दूर तक खंगाल डाली, लेकिन नानकदेव का कहीं कुछ पता नहीं चला।

एक-एक कर दो दिन बीत गए। तीसरा दिन आ गया।

एक आदमी मुंह अंधेरे नदी पर, उसी स्थान पर स्नान करने पहुंचा जहां नानकदेव स्नान करने के लिए जाया करते थे।

अचानक उसकी नजर उस पेड़ की ओर उठ गई, जिस पेड़ के नीचे बैठकर स्नान करने के बाद नानकदेव परमात्मा का सुमिरन किया करते थे।

दूसरे ही पल उसकी आंखें आश्चर्य से फटी रह गईं। उसने देखा, पेड़ के नीचे नानकदेव बैठे भगवान का सुमिरन कर रहे हैं। उनके चेहरे के चारों ओर प्रकाश का एक गोला-सा घूम रहा है, जिससे उनका पूरा शरीर दमक उठा है।

वह आंखें फाड़े कुछ देर तक नानकदेव को खड़ा-खड़ा देखता रहा और फिर उलटे पांव शहर की ओर भाग आया।

"नानक जिन्दा हैं—नानक जिन्दा हैं"—शहर में पहुंचते ही उसकी आवाज शहर के बाजारों और गलियों में गूंज उठी। लोगों ने बिस्तर छोड़ दिए और नदी की ओर भागते हुए आये। उनमें नानकदेव की बहिन नानकी और उसके पति जयराम भी थे।

"मैंने कहा था कि मेरा भाई मर नहीं सकता। वह तो धरती के प्राणियों को मुक्ति का मार्ग दिखाने के लिए इस धरती पर आया है।" नानकी ने प्रसन्नता के कारण रुंधे स्वर में कहा। और फिर नानकदेव से बोली, "भाई, तू कहां चला गया था? तीन दिन कहां रहा?"

"बहिन, मैं निरंकार से मिलने सचखंड गया था"। नानक ने उत्तर दिया।

"सचखंड?"

"हां, बहिन, परमपिता निरंकार वहीं रहते हैं"। नानकदेव ने बताया—

"सचखंड बसे निरंकार
करकर वखै नजर निहाल
ताकीआ गला कहिआ ना जाई
जे को कहे पिछै पछुताहि।"

नानकदेव की बातें सुनकर सब लोग आश्चर्यचकित रह गए। उन्होंने एक अन्य शब्द द्वारा निरंकार के सचखंड का विस्तार से वर्णन किया।

वहां की शोभा का वर्णन किया और उठकर शहर की ओर चल दिए।

वह सीधे मोदीखाने पहुंचे। लोगों की भीड़ उनके साथ थी।

उन्होंने मोदीखाने के सारे दरवाजे खोल दिए और लोगों से कहा– ''जिसे जिस चीज की जरूरत हो, ले जाए।''

भीड़ मोदीखाने पर टूट पड़ी। जिसे जिस चीज की जरूरत थी, उठा ले गया। उसके बाद, जिसके हाथ जो भी पड़ा, उसे उठा ले गया और देखते–ही–देखते मोदीखाना इस तरह खाली हो गया, जैसे किसी ने वहां झाड़ू लगा दी हो।

मोदीखाने पर नानकदेव ने मुस्कुराते हुए एक नजर डाली। उसके दरवाजे बन्द किए और शहर से बाहर श्मशान में एक वृक्ष के नीचे बैठकर समाधि लगा ली।

मोदीखाने के माल को लुटा देने का यह समाचार जब नानकदेव से ईर्ष्या करने वाले लोगों तक पहुंचा, तो वे खुशी से उछल पड़े। वे सब दौड़ते हुए नवाब के पास पहुंच गए।

''हम जो कुछ कहते थे, सच कहते थे हुजूर! नानक ने इस बार तो पूरा मोदीखाना लुटवा दिया है और आपके डर से श्मशान में जा छिपा है।''

नवाब को पहले तो विश्वास नहीं हुआ। लेकिन जब अन्य लोगों ने भी मोदीखाने में भरे माल के लुटने की घटना उसे सुनाई, तो वह क्रोध से तिलमिला उठा। उसने उसी समय जयराम को बुलाया और उनसे कहा कि वह राज्य के कुछ और कर्मचारियों को अपने साथ ले जाएं और हिसाब लगाकर यह बताएं कि नानक ने कितना नुकसान किया है। और फिर उतनी रकम खजाने में फौरन जमा कर दें।

अन्य राज्य कर्मचारियों और ईर्ष्यालुओं के साथ जयराम मोदीखाने की ओर चल दिए। वह बहुत ही चिन्तित थे। क्योंकि उन्होंने अपनी आंखों से मोदीखाने को लुटते हुए देखा था।

लेकिन जब राज्य कर्मचारियों ने मोदीखाने का दरवाजा खोला, तो आश्चर्य से उनकी आंखें फटी रह गईं। सारा मोदीखाना माल से भरा पड़ा था।

राज्य कर्मचारियों ने बही खातों के अनुसार माल की जांच की। रत्ती–भर भी कोई चीज कम नहीं थी।

उन्होंने एक–एक चीज की अच्छी तरह जांच की। पता चला नवाब के जिम्मे नानकदेव के सात सौ रुपए निकलते हैं।

जब उन लोगों ने यह बात नवाब को जाकर बताई, तो वह हैरान रह गया। उसे दुःख हुआ कि उसने अकारण ही नानक पर सन्देह किया। इतना ईमानदार मोदी उसे पहले कोई मिला ही नहीं था। उसने ईर्ष्यालुओं को बुरी तरह फटकारा और अपने दरबारियों से कहा की वे श्मशान में जायें और नानक को बड़े सम्मान के साथ यहां ले आयें।

दरबारियों के साथ थोड़ी देर बाद ही नानक दरबार में पहुंच गए।

नवाब ने कहा, "नानक, तुम्हें परेशान होने की कोई जरूरत नहीं है। मोदीखाने का सारा माल सही सलामत है। बल्कि तुम्हारा ही सात सौ रुपया हमारी ओर निकलता है।"

नवाब ने रुपए मंगवा कर नानकदेव को देते हुए कहा, "ये रुपए ले लो और अपना काम करो। तुम जैसा ईमानदार मोदी हमें कहां मिलेगा।"

"नहीं नवाब साहब, मैं किसी भी ऐसे व्यक्ति के मोदीखाने में काम नहीं कर सकता, जो अपने भंडार में से एक मुट्ठी अन्न भी किसी भूखे को मुफ्त न दे सके। मैं आपके भंडार में काम करने के लिए पैदा नहीं हुआ हूं–मुझे तो उस निरंकार ने किसी और ही काम के लिए इस दुनिया में भेजा है। मुझे ईश्वर के उसी आदेश का पालन करना है। सत गुरु निरंकार ने जो जिम्मेदारी मुझे सौंपी है, उसे पूरा करना है। मैं आपके मोदीखाने में अब काम नहीं करूंगा।"

नानकदेव का यह उत्तर सुनकर नवाब अवाक् हो गया। दरबारी हैरानी से नानकदेव का मुंह देखते रह गए। वे समझ गए थे कि नानक सामान्य मनुष्य नहीं है।

नवाब ने शान्त स्वर में पूछा, "नानक, भगवान ने तुम्हें कौन–सा काम सौंपा है?"

"मुझे अकाल पुरुष ने इस संसार में इसलिए भेजा है कि मैं संसार के सभी लोगों को यह बताऊं कि वे सब एक ही परमपिता परमात्मा की सन्तान हैं। उनमें न कोई छोटा है, न बड़ा है। न कोई छूत है, न अछूत है। न कोई हिन्दू है, न मुसलमान है। उन्हें एक ही ओंकार का जाप करना चाहिए, जो उनमें निर्भयता और प्रेम पैदा करता है। मन से ईर्ष्या–द्वेष मिटा देता है।"

"लेकिन भगवान ने तुम्हें यह आदेश कब दिया था?" नवाब ने पूछा।

"उस दिन, जब मैं बेई नदी में स्नान करने गया था, तो नदी में डुबकी लगाने के बाद सचखंड में निरंकार के पास चला गया था। वहीं दो दिन रहा था। तभी मुझे अकाल पुरुष ने आदेश दिया था कि मैं संसार को सच्ची राह दिखाऊं और उन्हें बताऊं कि हम सब एक ही अकाल पुरुष की सन्तान हैं। उसी का सुमिरन करने से हमारा कल्याण होगा। अब मैं आपके भंडार में नहीं, भगवान के भंडार में काम करूंगा।"

'बाबा पैधा सचखंड नउनिधि नाम गरीबी पाई', अर्थात् नानक सचखंड गया था। जहां उसे निर्भयता और नव निधियों का खजाना मिला है।

इतना कहकर नानकदेव नवाब के दरबार से निकले और फिर श्मशान में जा बैठे। उन्होंने लोगों से बात करना बन्द कर दिया और मौन रहकर निरंकार का सुमिरन करने लगे।

मोदीखाने की घटना और तीन दिन तक जल में डूबे रहने के बाद भी जीवित निकल आने की घटना तथा नानकदेव के विचारों का सुलतानपुर शहर और आसपास के इलाके की जनता पर गहरा प्रभाव पड़ा था। नानकदेव के प्रति लोगों के मन में श्रद्धा और सम्मान की भावना पैदा हो गई थी। वे उन्हें अवतारी पुरुष समझने लगे थे।

इसलिए, जब नानकदेव श्मशान में मौनव्रत धारण करके निरंकार का सुमिरन कर रहे थे, उनके दर्शनों के लिए लोगों का तांता लगा रहता था।

एक दिन नानकदेव ने अपना मौनव्रत तोड़ा। उनके मुंह से निकला– "ना कोई हिन्दू ना कोई मुसलमान।"

और फिर उन्हें इसी वाक्य की रट लग गई। लोग उनके इन शब्दों को सुनते लेकिन अर्थ समझ नहीं पाते। वास्तव में नानकदेव जन–साधारण के मन में यह बात बैठा देना चाहते थे कि न तो कोई हिन्दू है न मुसलमान है। सब उस एक ही निरंकार की सन्तान हैं। हिन्दू मुसलमान का भेद व्यर्थ है। वे इस छोटे से वाक्य से लोगों को सच्ची राह पर लाना चाहते थे। वे कहते थे कि न तो कोई सच्चा मुसलमान है और न कोई सच्चा हिन्दू है।

नानकदेव के शब्दों की इस गहराई तक लोग पहुंच नहीं पाते थे। उन दिनों नानकदेव की हालत भी विचित्र–सी थी। उनकी हालत पागलों जैसी हो गई थी। वह घंटों समाधि लगाए बैठे रहते और शून्य में टकटकी बांधे देखते रहते। लोग कहने लगे, श्मशान में रहने वाले भूत–प्रेतों ने नानक को अपने वश में कर लिया है। उनके सम्बन्ध में तरह–तरह की अफवाहें उड़ने लगी थीं।

नानकदेव की यह हालत देखकर नानकी और जयराम बहुत परेशान थे। उन्होंने कई बार नानकदेव को घर ले जाने की कोशिश की। लेकिन उन्हें सफलता नहीं मिली।

नानकदेव के सम्बन्ध में उड़ने वाली आफवाहें नवाब के कानों तक भी पहुंचने लगी थीं। मोदीखाने की घटना के बाद से नवाब के मन में नानकदेव के प्रति श्रद्धा, सम्मान और स्नेह की भावना पैदा हो गई थी। वह नहीं चाहता था कि नानक जैसा सीधा–सच्चा और ईमानदार व्यक्ति इस हालत में रहे। नानकदेव सब धर्मों को एक समान मानते थे और हर धर्म के मानने वाले का समुचित सम्मान करते थे।

काफी सोच–विचार के बाद नवाब ने शहर के काजी को बुलाया। उसने कहा, "काजी साहब, नानक बहुत ही ईमानदार और सीधा–सादा नौजवान है। उसके बारे में लोग कहते हैं कि वह श्मशान घाट में रहने लगा है। और श्मशान में रहने वाले भूत–प्रेतों ने उसे इस बुरी तरह घेंर लिया है कि उसकी हालत दीवानों जैसी हो गई है। हम नहीं चाहते कि नानक जैसा ईमानदार और नेक नौजवान इस तरह मरघट में पड़ा रहे। आपकी वह बहुत इज्जत करता है। क्योंकि उसकी नजरें हिन्दू–मुसलमान के भेद–भाव से दूर हैं। आप वहां जाइए और मालूम कीजिए कि असल में बात क्या है? श्मशान में उसके रहने की वजह क्या है? आप उसे समझा–बुझाकर यहीं ले आइए।"

काज़ी श्मशान में पहुंचे, तो उन्होंने देखा, नानक एक पेड़ से टेक लगाए बैठे, आंखें मूंदे भगवान का सुमिरन कर रहे हैं। बाल बिखरे हुए हैं। शरीर पर जो कपड़े हैं मैले हैं, फटे हैं। उनकी हालत दीवानों जैसी हो रही है।

"नानकदेव, आपने अपना यह क्या हाल बना रखा है?" काज़ी ने उनके पास बैठकर पूछा।

काजी की आवाज सुनकर नानक ने आंखें खोल दीं और उन्हें देखते हुए बोले, "काजी साहब, कोई कहता है, मैं भूत हूं। कोई कहता है, बेताल हूं और कोई कहता है, बेचारा नानक आदमी है। नानक दीवाना है। हां काजी साहब, नानक दीवाना है, अपने शाह का, अपने निरंकार का। उसके अलावा वह और किसी को नहीं जानता। और मुझे भी उस साहिब के अलावा और कोई नहीं जानता।"

नानकदेव की बातें काजी की समझ में नहीं आईं। वह उन्हें समझने की कोशिश कर रहे थे कि नानक के मुंह से निकला–"ना कोई हिन्दू ना मुसलमान" और फिर उन्होंने पूर्ववत आंखें मूंद लीं।

नानक के अन्तिम शब्द सुनकर काजी को लगा, जैसे नानकदेव मुसलमानों का अपमान कर रहे हैं। उसने कहा, "तुम ऐसा कैसे कहते हो। हम तो देखते हैं इस दुनिया में हिन्दू भी हैं और मुसलमान भी हैं।"

"यह गलत है। जो हिन्दू हैं, वे नाम के हिन्दू हैं। इसी तरह जो मुसलमान हैं, वे भी बस नाम के ही मुसलमान हैं। न तो कोई हिन्दू, सच्चा हिन्दू है और न कोई मुसलमान, सच्चा मुसलमान है। उनमें वे गुण ही नहीं हैं, जो एक सच्चे हिन्दू और मुसलमान में होने चाहिए।" नानकदेव ने कहा, "न तो मैं हिन्दू को हिन्दू मानता हूं और न मुसलमान को मुसलमान। मेरी नजर में तो दोनों एक ही अकाल पुरुष की सन्तान हैं।"

"और आप कौन हैं?"

"मैं न हिन्दू हूं न मुसलमान हूं" नानकदेव ने कहा, "वैसे मैं हिन्दू भी हूं और मुसलमान भी हूं।"

"अगर आप हिन्दू और मुसलमान में कोई भेद नहीं समझते, तो चलिए हमारे साथ नमाज पढ़िए।"

"चलिए", नानकदेव ने कहा और उठकर काजी के साथ चल दिए।

काजी नानकदेव को लेकर नवाब के दरबार में पहुंचा। उसने नवाब को सारी बातें बताने के बाद कहा, "आज नानकदेव हमारे साथ नमाज पढ़ेंगे। चलिए, आप भी हमारे साथ चलिए।"

नवाब भी हैरानी में डूबा, उनके साथ मस्जिद की ओर चल दिया।

"नानकदेव मस्जिद में नमाज पढ़ने जा रहे हैं।" यह समाचार पलक झपकते सारे शहर में फैल गया। हिन्दू चिन्तित हो उठे। वे नानक

को अपना मार्गदर्शक समझते थे। यदि नानक ने नमाज पढ़ ली, तो फिर हम कहां जायेंगे? जयराम इस खबर को सुनकर परेशान हो उठे थे। लेकिन बेबे नानकी बिलकुल चिन्तित नहीं थी। वह अपने भाई की वास्तविकता से बचपन में ही परिचित हो चुकी थी। उसने जयराम को समझाया–"आप बेकार ही परेशान हो रहे हैं। मेरा भाई काजी और नवाब के साथ नमाज पढ़ने नहीं गया, वह उन्हें सच्चा रास्ता दिखाने गया है।" और ऐसा ही हुआ।

"नानकदेव मस्जिद में नमाज पढ़ने जा रहे हैं।" यह समाचार सुनकर मुसलमानों की भारी भीड़ मस्जिद में इकट्ठी हो गई थी। जब नानकदेव काजी और नवाब के साथ मस्जिद में पहुंचे तो वहां मौजूद मुसलमानों में खुशी की लहर दौड़ गई। क्योंकि एक हिन्दू का नमाज पढ़ने का अर्थ था, एक मुसलमान की वृद्धि।

निश्चित समय पर सब लोग नमाज पढ़ने के लिए पंक्तिबद्ध खड़े हो गए। नानकदेव भी उनमें शामिल थे।

जब सारे नमाजी सजदे में झुके, तो नानकदेव भी झुके और फिर वहीं पालथी मारकर बैठ गए।

जब नमाज खत्म हो गई तो सब लोगों ने जिनमें काजी और नवाब भी शामिल थे, नानकदेव को आंखें मूंदे फर्श पर बैठे देखा। उन्हें बड़ा गुस्सा आया। मस्जिद में आकर भी नमाज न पढ़ना उन दोनों की नजर में बहुत बड़ा अपराध था। इस्लाम धर्म का अपमान था।

नवाब ने क्रोध से भिन्ना कर कहा, "नानक तुमने नमाज क्यों नहीं पढ़ी? नमाज न पढ़कर तुमने नमाज और दीने इस्लाम की बेइज्जती की है। इसलिए तुम्हें कड़ी सजा मिलेगी।"

"क्षमा कीजिए नवाब साहब, यहां मस्जिद में कोई नमाजी था ही नहीं, जिसके साथ मैं नमाज पढ़ता," नानक ने बड़े शान्त भाव से कहा, "यहा जितने भी नमाजी मौजूद थे, वे असल में नमाज नहीं पढ़ रहे थे। वे सब अपनी–अपनी समस्याओं के बारे में सोच रहे थे।"

"तुम झूठ बोलते हो!" काजी ने क्रुद्ध स्वर में कहा।

"काजी जी, नाराज होने की जरूरत नहीं है। आप भी तो उन्हीं नमाजियों में से एक थे। आप नमाज कहां पढ़ रहे थे? आप तो अपनी नई ब्याई घोड़ी और उसके बछड़े के बारे में सोच रहे थे" नानकदेव

ने कहा और फिर नवाब की अेर मुड़कर बोले, "और नवाब साहब, आप भी नमाज, पढ़ने के बजाय काबुल में घोड़ों की खरीदारी कर रहे थे।"

नानकदेव की बातें सुनकर काजी और नवाब का सिर शर्म से झुक गया। उन्हें लगा उनके सामने एक पहुंचा हुआ फकीर खड़ा है, जो लोगों के दिलों की बात बिना पूछे ही जान लेता है। अकीदत और अहतराम से उन दोनों ने नानकदेव के कदमों में सिर झुकाकर बन्दगी की।

❑❑

सुलतानपुर आने के बाद नानकदेव का विवाह हो चुका था। इन तमाम घटनाओं के बीच संवत् 1551 भाद्रपद सुदी नौवीं को उनकी पत्नी ने पहली सन्तान को जन्म दिया। उस बच्चे का नाम श्री चन्द्र रखा गया। श्री चन्द्र ने ही गुरु नानकदेव के स्वर्गवास के बाद उदासीन सम्प्रदाय की स्थापना की।

इसके बाद संवत् 1553 में 19 फाल्गुन को उनके दूसरे पुत्र लक्ष्मीदास का जन्म हुआ। उन्हीं की सन्तान आज बेदी के नाम से प्रसिद्ध है।

मस्जिद से निकलकर नानकदेव फिर श्मशान में जा बैठे। उन्हें अमीरों से घृणा और गरीबों से हमदर्दी थी। वह श्मशान में आने वालों से भी यही कहते थे कि अमीरों से घृणा करो और गरीबों के साथ हमदर्दी का बर्ताव करो। वह अमीरों को अन्धा और बहरा कहा करते थे। अपने एक शब्द में उन्होंने कहा था—

माया धारी अति अन्ना बोना
शबद न सुनही बहु रोल घचोला।

अर्थात् "अमीर आदमी दौलत पाकर अन्धा ही नहीं बहरा भी हो जाता है। क्योंकि परमपिता परमात्मा का नाम उसके कानों तक पहुंच ही नहीं पाता है।"

श्मशान में रहते हुए नानकदेव आने वालों के साथ बड़े स्नेह से मिलते। उन्हें संसार के मोह–माया के बन्धनों से दूर रहने का उपदेश देते। उन्हें निरंकार का सुमिरन करने की प्रेरणा देते। उनकी सीधी सच्ची

बातें हर सुनने वाले के दिल की गहराई में सहज ही उतर आती थीं। उनकी हर बात उन्हें ईश्वरीय आदेश के समान प्रतीत होती थी। वे उनके उपदेशों के अनुसार आचरण करने लगे थे।

नानकदेव को लोगों ने यहीं से गुरु नानक कहना आरम्भ कर दिया था। वे उन्हें अपना सच्चा गुरु मानने लगे थे। लगभग ढाई महीने श्मशान में रहने के बाद गुरु नानक ने महसूस किया कि श्मशान की यह छोटी–सी दुनिया उनके महान उद्देश्य के लिए बहुत ही छोटी है। उन्हें इस छोटी–सी दुनिया को छोड़कर विस्तृत और विशाल संसार में प्रवेश करना चाहिए ताकि वे संसार के भूले–भटके लोगों का उद्धार कर सकें। उन्हें सच्चा मार्ग दिखा सकें। छूआ–छूत, जात–पांत और धार्मिक भेदभाव को मिटाकर एक नए समाज की स्थापना कर सकें।

वह समझ गए थे कि अगर उस निरंकार को पाना है तो उन्हें दर–दर की खाक छाननी पड़ेगी। अगर उन्हें निरंकार के आदेश का पालन करना है, तो घर–घर जाकर अलख जगाना पड़ेगा। ईश्वर एक है, संसार के सभी इनसान उसी की सन्तान हैं—इस सच्चाई को बताने के लिए उन्हें एक–एक आदमी के पास जाना पड़ेगा और उन्हें श्मशान की सीमित छोटी–सी दुनिया को छोड़कर विस्तृत विश्व की यात्रा करनी पड़ेगी।

सब कुछ निश्चित करने के बाद, उन्होंने श्मशान छोड़ दिया और अपनी बहिन नानकी के घर आ गए, जहां उनकी पत्नी और दोनों पुत्र थे।

''बेबे, अब यहां रहने से कोई लाभ नहीं। सतगुरु निरंकार ने मुझे जो काम सौंपा है मैं यहां रहकर उसे पूरा नहीं कर सकता।'' गुरु नानक ने अपनी बहिन नानकी से कहा।

''तो क्या तुम अपनी पत्नी और छोटे–छोटे बच्चों को छोड़कर चले जाओगे?'' जयराम उनकी बात सुनकर दुःखी हो उठे।

''जिस भगवान ने इन्हें इस संसार में भेजा है वही इनका सच्चा पालनहार है। वही इनका रखवाला है।'' गुरु नानक ने शान्त भाव से कहा, ''इस संसार में भगवान के और भी अनेक बन्दे हैं, जो सच्चाई की राह से भटक गए हैं। वे धर्मों के जंगल में कुरीतियों के अंधेरे में भटक रहे हैं। सतगुरु निरंकार ने मुझे आदेश दिया है कि मैं उन्हें ज्ञान का प्रकाश दूं और सच्चाई की राह दिखाऊं। मोह–माया के इन झूठे रिश्ते–नातों और बन्धनों से मेरा कोई सरोकार नहीं है।''

गुरु नानक घर छोड़ कर जा रहे हैं—जब यह समाचार उनके पिता मेहता कालूराय को मिला तो वह गुरु नानक को समझाने के लिए सुलतानपुर आ गए। समाचार पाकर गुरु नानक की पत्नी सुलक्षिणी के माता–पिता भी वहां पहुंच गए। उन सबने मिलकर उन्हें बहुत समझाया, लेकिन वह अपने निश्चय पर अटल रहे। वे समझ गए कि नानकदेव संसारी मनुष्य नहीं हैं। उन्हें किसी भी तरह से रोका नहीं जा सकता। उन्होंने गुरु नानक को जाने की आज्ञा दे दी।

और फिर एक दिन गुरु नानक भाई मरदाना के साथ घर छोड़कर लोक–कल्याण के अनजाने, अनदेखे महापथ पर चल पड़े।

❑❑

उस जमाने में हिन्दू धर्म में अनेक कुरीतियां पैदा हो गई थीं। इन कुरीतियों को जन्म देने वाला वह ब्राह्मण समाज था जो अपने कर्म से विमुख होकर सभी विद्या पढ़ना और पढ़ाना छोड़कर अज्ञान के अंधेरे में डूब गया था। अपना और अपने परिवार का पेट पालने के लिए ब्राह्मण समाज ने अनेक ढोंग, कुरीतियां प्रचलित कर दी थीं। सीधे–सादे और धर्मभीरु लोग उन अनपढ़–अज्ञानी ब्राह्मणों को फिर भी श्रेष्ठ और उच्च समझते थे। इसलिए, वे जैसा कहते थे, वैसा ही वे लोग करते थे।

समाज में फैली धर्म के नाम पर इन कुरीतियों और मिथ्या कर्मकांडों को देखकर गुरु नानक का मन बचपन से ही दुःखी रहने लगा था। धीरे–धीरे इस दुःख ने विद्रोह का रूप ग्रहण कर लिया था। उन्होंने उस ढोंगी ब्राह्मणवाद को जड़मूल से उखाड़ने का निश्चय कर लिया था और अपने इस विद्रोह का सबसे पहला परिचय यज्ञोपवीत संस्कार के समय यज्ञोपवीत पहनने से इनकार करते हुए दिया था। उन्होंने गोपाल पंडित से कहा था—

लगु कपाहु कतीए ब्राह्मण वटे आई
कति बकरा रिनि खाइया सभु को आंख पाई।
होई पुराणा सुटिए भी फिर पाइए होरु
नानक तग्गुन तुहई जे तगि होवे जोरु।

झूठे यज्ञोपवीत का विरोध करते हुए उन्होंने गोपाल पंडित से कहा था, "पंडित जी, मुझे तो ऐसा यज्ञोपवीत चाहिए, जो—

> दइया कपाह सुतोखु सूतु जतु गंढ़ी सतु बंटु,
> एहु जनेऊ जीऊ का हई त पांडे घंतु
> ना एहु टुटे न मलु लगे ना एहु जलै न जाई
> धनु सुमाणस नानका जो गलि चले पाई।

अर्थात् मुझे तो वह यज्ञोपवीत चाहिए, जो सन्तोष की कपास के सूत से बनाया गया हो, जो सत्य से बटा गया हो। वह यज्ञोपवीत न तो टूटेगा न मैला होगा, न जलेगा।"

इसी प्रकार, एक बार जब वह हरिद्वार में गंगा स्नान करने गये थे, तो उन्होंने अनेक लोगों को गंगा की धारा में खड़े होकर, तर्पण करते देखा। उन्होंने एक आदमी से कहा, "यह क्या कर रहे हो भाई?"

उस आदमी ने पूर्व दिशा में उगे सूर्य को अंजलि से जल अर्पित करते हुए कहा, "मैं अपने पितरों को जलांजलि देकर उनकी प्यास बुझा रहा हूं।"

"मैं तुम्हारी बात समझा नहीं।"

उस आदमी ने समझाया, "सूर्य की ओर मुंह करके जो जल अर्पण किया जाता है, वह सीधा स्वर्ग में बैठे पितरों के पास पहुंच जाता है। इसीलिए पितृ वंश में पितरों को जल–अर्पण करने की परम्परा है।"

उस व्यक्ति की बात सुनकर नानकदेव सोच में पड़ गए। भला इतनी दूर धरती से हजारों कोस दूर स्वर्ग में बैठे पितरों तक जल कैसे पहुंच सकता है?

"क्या सचमुच ही यह जल स्वर्ग तक पहुंच जायेगा?" उन्होंने उस व्यक्ति से पूछा।

"हां, हां, क्यों नहीं पहुंचेगा?"

नानकदेव ने कपड़े उतारे और गंगा की धारा में जा खड़े हुए। उन्होंने अपना मुंह पूर्व की बजाय पश्चिम दिशा में कर लिया और अंजलि में जल भर–भरकर अर्पण करने लगे।

यह देखकर उस व्यक्ति को हैरानी हुई। उसने कहा, "पूर्व दिशा के बजाय तुम पश्चिम की ओर जल को अर्पित कर रहे हो?"

"भाई, मैं पंजाब का रहने वाला हूं। पंजाब यहां से पश्चिम में ही तो है। वहां मेरे खेत हैं। उन्हें पानी की आवश्यकता है। मैं उन्हीं की प्यास बुझा रहा हूं।"

नानक की यह बात सुनकर उस व्यक्ति ने कहा, "पागल हो गए हो? भला यहां से जल अर्पण करने से तुम्हारे खेतों की सिंचाई कैसे हो सकती हैं?"

"क्यों नहीं होगी? जब तुम्हारा अर्पण किया जल अनन्त दूरी पर स्वर्ग में बैठे तुम्हारे पितरों तक पहुंच सकता है तो सौ–दौ सौ कोस दूर मेरे खेतों तक क्यों नहीं पहुंच सकता?"

बचपन से ही नानक ने इसी प्रकार धर्म के नाम पर फैले मिथ्यावाद को जड़–मूल से उखाड़ डालने की कोशिशें शुरू कर दी थीं।

बचपन की ही एक घटना है। जब पिता ने देखा कि नानक का मन पशुओं को चराने में नहीं लगता, तो उन्होंने सोचा कि नानक को खेती–बाड़ी के काम में लगा देना चाहिए। उन्होंने नानक को बुलाकर कहा, "बेटे, अगर तुम्हारा मन पशुओं को चराने में नहीं लगता, तो कुछ खेती–बाड़ी का काम देखो।"

"आप जिसे खेती–बाड़ी कहते हैं, वह झूठी खेती–बाड़ी है। मुझे सतगुरु ने उस झूठी खेती–बाड़ी के लिए इस संसार में नहीं भेजा। मैं तो इस संसार में सच्ची खेती–बाड़ी करने आया हूं।" नानकदेव ने गम्भीरता से उत्तर दिया।

"सच्ची खेती–बाड़ी कौन–सी होती है बेटे?"

"सच्ची खेती–बाड़ी वह है पिताजी, जिसकी कोई फसल लोक–परलोक में काम आती है।"

"ऐसी कौन–सी फसल है बेटा?"

नानकदेव ने शब्द के माध्यम से पिता को बताया–

मनुहाली किसाणी करणी सामुपाणी तनुखेहा
नाम बीजु संतोख सुहागा रघु गरीबी वेह
राउ काम करि जंशिर से घर मागढ देखु।
बाबा, भाइया साथि न होइ
इति माइया जगु मोहिला बिरला बूझे कोइ।

अर्थात् "तन को खेती बनाकर मन के हल से खेती-बाड़ी करनी चाहिए। उसे जप-तप के पानी से सींचना चाहिए। ईश्वर के नाम का बीज बोना चाहिए। सन्तोष का सुहागा फेर कर मन में नम्रता धारण करनी चाहिए। प्रेम की फसल उगानी चाहिए, जो घर बार को सम्पन्न बना दे। झूठी खेती से घर में जो धन-सम्पत्ति आती है, हमेशा साथ नहीं देती। सारे संसार को इसी मोह-माया ने जकड़ रखा है। में तो सच्ची खेती-बाड़ी करूंगा, जिसकी फसल अन्त तक सुख दे।"

नानक की इस तरह की बातों को कोई भी समझ नहीं पाता था। पिता मेहता कालूराय भी नहीं समझ पाते थे। वह सोचने लगे, शायद नानक का स्वास्थ्य ठीक नहीं है। जरूर इसे कोई-न-कोई बीमारी है। इसलिए पागलों जैसी बातें करता है। अपने हम उम्र बच्चों से अलग रहता है। उनके साथ खेल-कूद में कोई दिलचस्पी नहीं लेता।

उन्होंने एक वैद्य को बुलाया और उसे सारी बातें विस्तार से बताईं। वैद्य नानक की नाड़ी देखने लगा।

वैद्य की इस हरकत पर नानक को हंसी आ रही थी। वह मन-ही-मन कह रहे थे-"मेरा सच्चा वैद्य तो सतगुरु निरंकार है। वही मेरे रोग को जानता है। वही मेरा इलाज कर सकता है। तुम क्या जान सकते हो मुझे क्या रोग है।"

नानक ने झटककर अपना हाथ छुड़ा लिया और बोले—

वैद बुलाया बंदगी, पकड़ टटोले बांह
भोला वैद न जानई, दरद कलेजे म्मांह।
जाहु वैद घर आपने, मेरी थाह न ले
हम रचे शाह अपणे, तू किस दारु दे?

"वैद्य जी, अपने घर जाइए। मेरे रोग को न तो आप जान सकेंगे और न उसका उपचार ही कर सकेंगे। मेरे रोग को तो केवल परमात्मा ही जानता है। वही मेरा सच्चा वैद्य है। वही मेरा इलाज कर सकता है।"

नानक की बात सुनकर वैद्य निराश होकर अपने घर चला गया।

❑❑

सचखंड की यात्रा के बाद से नानकदेव की हालत पागलों जैसी हो गई थी। उन्हें संसार से, परिवार से कोई मोह–ममता नहीं रही थी।

एक दिन वह समाधि लगाए बैठे थे। सहसा उनकी आन्तरिक आंखों के आगे एक दृश्य साक्षात हो उठा। उन्होंने हड़बड़ाकर आंखें खोलीं और भाई मरदाना से बोले–"मरदाना, अभी–अभी जब मैं आंखें मूंदे निरंकार का ध्यान कर रहा था, तो मैंने देखा सारी धरती जल रही है। धरती की यह आग सद् उपदेशों और ज्ञान के जल से ही बुझाई जा सकती है। संतगुरु निरंकार ने मुझे आदेश दिया है कि मैं इस आग को बुझाने का प्रयत्न करूं। तुम मेरे साथ चलो।"

भाई मरदाना तो गुरु नानक का अन्धा भक्त था। उनका दास था। भला उसे क्या आपत्ति हो सकती थी। वह उसी समय गुरु नानक के साथ चलने के लिए तैयार हो गया और उसे साथ लेकर नानक घृणा, द्वेष और भेदभाव की आग में जलती धरती की आग बुझाने के लिए सुलतानपुर छोड़कर चल दिए। ऐसी यात्रा पर जिसकी न कोई मंजिल थी, न अन्त ही था।

सुलतानपुर से चलकर गुरु नानक भाई मरदाना के साथ एमनाबाद पहुंचे वहां वह लालो नामक एक निर्धन बढ़ई के घर रहने लगे।

गुरु नानक के एमनाबाद पहुंचने से पहले, उनकी कीर्ति वहां पहुंच चुकी थी। जब उच्च जाति के धन सम्पन्न व्यक्तियों ने यह सुना कि गुरु नानक लालो बढ़ई के घर ठहरे हुए हैं और उसी के घर खाते–पीते हैं, तो उन्हें कुछ बुरा लगा। उच्च कुल में जन्मे व्यक्ति का किसी शूद्र के घर में रहना और उसी के घर का बना भोजन करना उच्च जाति के धन–सम्पन्न लोग कैसे बर्दाश्त कर सकते थे। उन्होंने जाकर गुरुजी से कहा कि वह लालो का घर छोड़ दें। वे उनके रहने और भोजन आदि की व्यवस्था कर देंगे। लेकिन गुरु नानक ने उन लोगों के घर रहने और खाना खाने से साफ इनकार कर दिया।

तभी ऐमनाबाद के एक बहुत बड़े धन–सम्पन्न व्यक्ति मलिक भागो ने यज्ञ कराया और फिर एक विशाल भोज का आयोजन किया। ऐमनाबाद और उसके आसपास के सैकड़ों लोग उस भोज में शामिल हुए। लेकिन निमन्त्रण के बावजूद गुरु नानकदेव उस भोज में नहीं गए।

जब मलिक भागो को पता चला तो वह स्वयं गुरु नानक के पास

आया और उन्हें आग्रह करके अपने साथ अपने घर ले गया। उसने गुरु नानक से भोजन करने का आग्रह किया, तो गुरुजी ने साफ इनकार कर दिया। और भाई लालो से कहा कि वह अपने घर से रोटियां ले आए। वह उन्हीं रूखी–सूखी रोटियों को खायेंगे।

"गुरुजी, अन्य सैकड़ों लोगों ने भोजन किया है। अगर आपने भोजन ग्रहण न किया तो मुझे दुःख होगा।" मलिक भागो ने बड़ी विनम्रता से कहा, "इतने स्वादिष्ट भोजन को छोड़कर आप एक शूद्र के घर की बनी रूखी–सूखी रोटियां खा रहे हैं।"

भाई लालो अपने घर से रोटियां ले आया था।

गुरु नानक ने कहा, "मलिक भागो, मैं तुम्हारा यह स्वादिष्ट भोजन ग्रहण नहीं कर सकता।"

"लेकिन महाराज क्यों?"

गुरु नानक ने एक हाथ में मलिक भागो के भोज में तैयार की गई पूड़ियां लीं और दूसरे हाथ में भाई लालो के घर की बनी रूखी–सूखी रोटियां। उन्होंने दोनों को कसकर दबाया, तो मलिक भागो की पूड़ियों से खून की धार और भाई लालो की रूखी–रोटियों से दूध की धार बहने लगी।

वहां बैठे सभी लोग आश्चर्यचकित रह गए।

"मलिक भागो, तुमने गरीब किसानों, मजदूरों से जबरदस्ती इस भोज की सामग्री इकट्ठी की है। गरीबों ने तुम्हारे भोज के लिए जो गेहूं, घी और अन्य सामान दिया है, अपने बच्चों का पेट काट कर दिया है। इसीलिए, इन पूड़ियों से खून टपक रहा है। लेकिन, भाई लालो की ये रूखी–सूखी रोटियां मेहनत और ईमानदारी से कमाए गये अन्न से बनी हैं, इसीलिए इनसे दूध बह रहा है। भला मैं वह भोजन कैसे ग्रहण कर सकता हूं, जिसे गरीबों के खून से तैयार किया गया हो?"

भोज में आये हुए हजारों लोग यह सब देख रहे थे। मलिक भागो लज्जित और भयभीत होकर कांपने लगा।

"मलिक भागो, गरीबों का शोषण करना छोड़ दो। मेहनत और ईमानदारी से तुम्हें जो कुछ मिले, उसी पर सन्तोष करो। दीन, दुःखियों का शोषण करके इकट्ठी की हुई दौलत, सच्ची दौलत नहीं होती। सच्ची दौलत मिलती है दीन–दुःखियों की सेवा और सहायता करने पर। निर्बल

और निर्धन को सहायता और सहारा देने पर।''

''आप ठीक कहते हैं गुरुजी,'' मलिक भागो ने कहा और गुरु नानक के चरणों में गिरकर बोला, ''आपने मेरी आंखें खोल दीं। गुरुजी जीवन भर मैं इस झूठी दौलत को इकट्ठा करने में लगा रहा। इसी को सब कुछ समझता रहा। लेकिन आज से ऐसा नहीं होगा। आपने जो कहा है मैं वही करूंगा। दीन–दुःखियों, निर्धनों और असहायों की सेवा करना, उनकी सहायता करना और उन्हें भरपूर सहायता देना ही आज से मेरा कर्तव्य होगा।''

मलिक भागो के इस हृदय परिवर्तन से भोज में आए सभी लोग गुरु नानक की जय–जयकार कर उठे।

मलिक भागो की प्रसन्नता की कोई सीमा न रही थी। उसे एक नया रास्ता मिल गया था–शान्ति और कल्याण का रास्ता।

❑❑

कुछ दिन ऐमनाबाद में रहने के बाद गुरु नानक पश्चिमी देशों की यात्रा पर चल दिए। शहर छोड़ते–छोड़ते अपने परमप्रिय भक्त भाई लालो से कहा–

पाप की जंझ ले काबलों धाया, जोरी मांगे दान वे लालो।

अर्थात् ''एक विशाल सेना लेकर काबुल से बाबर आ रहा है। वह यहां खून की नदियां बहा देगा। तुम इस शहर को छोड़कर दूर चले जाओ।''

गुरुजी का आदेश पाते ही भाई लालो ने ऐमनाबाद छोड़ दिया और दूर एक गांव में जा बसा।

कुछ दिन बाद ही बाबर की सेनाएं ऐमनाबाद पर बिजली की तरह टूट पड़ीं। हजारों लोग मारे गये। ऐमनाबाद की नालियां खून और लाशों से पट गईं।

❑❑

गुरु नानक भाई मरदाना के साथ जा रहे थे कि अचानक बाबर की सेना ने उन्हें घेर लिया और उन्हें बन्दी बना लिया। वह भी अन्य

बन्दियों की तरह बेगार करने लगे।

एक दिन बाबर की नजर मिट्टी ढोते हुए गुरु नानक पर पड़ गई। बाबर को आदमी की जबर्दस्त पहचान थी। वह गुरु नानक के बेगार करने के ढंग को देखकर उनके सामने जा खड़ा हुआ। बाबर को देखकर ही गुरु नानक के मुंह से निकला—

"एती मार पई कुरलाणे तै की दरदी न आया।"

जब बाबर को गुरु नानक के शब्दों का अर्थ बताया गया, तो उसने गुरु नानक के साथ–साथ अन्य कैदियों को भी रिहा कर दिया।

❑❑

एक बार यात्रा करते हुए गुरु नानक भाई मरदाना के साथ मक्का पहुंच गए। लम्बे सफर की थकान थी। सड़क के किनारे एक पेड़ के नीचे लेट गए और सो गए।

तभी उस ओर से दो मुसलमान निकले। उन्होंने देखा पेड़ के नीचे एक आदमी काबे की ओर पैर किए सो रहा है। उन्होंने गुरु नानक को जगाया और उन्हें समझाया कि वह काबे की ओर पैर करके न सोयें।

"भाई, मुझे तो चारों दिशाओं में काबा ही दिखाई दे रहा है। अगर तुम कर सकते हो तो मेरे पैर उस ओर कर दो जिस ओर काबा न हो।" गुरु नानक ने बड़ी विनम्रता से कहा।

उन दोनों मुसलमानों ने गुरु नानक के दोनों पैर पकड़े और उन्हें दूसरी ओर घुमा दिया।

गुरु नानक ठहाका मारकर हंस पड़े। दोनों मुसलमानों ने चौंक कर देखा। जिस ओर उन्होंने गुरु नानक के पैर किए थे, काबा उसी ओर दिखाई देने लगा।

उन्होंने नानकदेव के पैर पकड़कर उन्हें घुमा दिया।

लेकिन वे फिर हैरान रह गए। अब काबा उसी ओर दिखाई दे रहा था, जिस ओर गुरु नानक के पैर थे।

उन दोनों के आश्चर्य की सीमा न रही।

लोगों की अच्छी–खासी भीड़ तब तक वहां इकट्ठी हो चुकी थी। नानकदेव ने कहा, "खुदा हर दिशा में और हर स्थान पर मौजूद है। वह तो धरती के कण–कण में समाया हुआ है। आप लोग जिसे चमत्कार समझ रहे हैं वह एक ठोस सच्चाई है।"

गुरु नानक की बातों का मक्का के निवासियों पर बहुत गहरा प्रभाव पड़ा। वह उन्हें फरिश्ता समझकर उनका सम्मान करने लगे।

कुछ दिन मक्का में रहने के बाद गुरु नानक बगदाद की ओर चल दिए।

❑❑

बगदाद में उन दिनों एक ऐसे खलीफा का शासन था, जो गरीबों का शोषण करके धन–सम्पत्ति इकट्ठा करने के लिए कुख्यात था। अरब निवासियों को प्रेम, शान्ति और सद्भावना का उपदेश देते हुए गुरु नानक बगदाद पहुंचे। जब लोगों ने खलीफा के लोभ–लालच के बारे में गुरु नानक को बताया तो वह भाई मरदाना के साथ उस सड़क पर जा बैठे, जिस सड़क से खलीफा अपने दरबारियों के साथ गुजरता था।

गुरु नानक ने सड़क पर पड़े कंकड़ों को इकट्ठा किया और पेड के नीचे ढेर लगा दिया और फिर भाई मरदाना के साथ कंकड़–पत्थर इकट्ठे करने लगे।

कुछ देर बाद खलीफा अपने दरबारियों के साथ वहां से गुजर रहा था कि उसकी नजर कंकड़–पत्थर के उन ढेरों की ओर चली गई। उसने गुरु नानक से पूछा, "तुम लोग यह क्या कर रहे हो? इन कंकर–पत्थरों को क्यों इकट्ठा कर रहे हो?"

गुरु नानक ने बड़े शान्त भाव से बताया, "जब मैं मरने लगूंगा, इन्हें अपने साथ ले जाऊंगा।"

खलीफा को हंसी आ गई। उसने कहा, "भला आप इन्हें अपने साथ कैसे ले जा सकेंगे?"

"उसी तरह ले जाऊंगा जिस तरह आप अपनी इकट्ठी की हुई दौलत को अपने साथ ले जायेंगे।"

गुरु नानक की बात सुनकर खलीफा शर्मिन्दा हो उठा। गुरु नानक की बात में सच्चाई थी। उसने क्षमा मांगते हुए कहा, मैं आपको यकीन

दिलाता हूं कि मैंने जो दौलत गरीबों के खून से इकट्ठी की है, मैं उसे आज ही गरीबों को बांट दूंगा। आप कोई पहुंचे हुए फकीर या खुदा के भेजे हुए फरिश्ते हैं।''

फिर खलीफा उन्हें बड़े सम्मान सहित अपने महल में ले गया। और उन्हें एक ऐसा चोगा भेंट किया जिस पर कुरान की आयतें लिखी हुई थीं।

कुछ दिन गुरु नानक बगदाद में रहे। उन्होंने वहां के निवासियों को प्रेम और भाईचारे का उपदेश दिया और फिर भारत की ओर चल पड़े।

वह चोगा आज भी डेरा नानक के गुरुद्वारे में रखा हुआ है। हर वर्ष हजारों सिख उस चोगे के दर्शन करने वहां जाते रहते हैं।

❑❑

गुरु नानकदेव उन दिनों करतारपुर में थे। वह अपने शिष्यों को उपदेश दे रहे थे कि अचानक उस रास्ते से गुजरता हुआ एक नौजवान अपने साथियों के साथ वहां आ बैठा। गुरु नानक के उपदेश का उस पर इतना गहरा प्रभाव पड़ा कि उसने अपने साथियों से कहा, ''तुम लोग देवी के दर्शन करने चले जाओ। मैं यहीं रहूंगा। जब तुम लौट कर आओगे मैं तुम्हारे साथ गांव चला चलूंगा।''

वह नौजवान फिरोज़पुर जिले के एक गांव 'मत्ते की सराय' का रहने वाला था। उसका नाम लहणा था।

लहणा गुरु नानक के पास पहुंचा तो उन्हीं का होकर रह गया। उसके साथी चिन्तपूर्णी देवी का दर्शन करके करतारपुर वापिस पहुंचे तो लहणा ने उनके साथ गांव लौटने से इनकार कर दिया। यही लहणा गुरु नानक के बाद गुरु अंगद देव के नाम से विख्यात हुए।

लहणा के मन में अपने गुरु के लिए अपार श्रद्धा–भक्ति थी। गुरु नानक ने लहणा की गुरु–भक्ति की अनेक बार परीक्षा लेने के बाद यह निश्चय कर लिया कि वह मरते समय अपनी गद्दी लहणा को ही सौपेंगे।

गुरु नानक का अन्तिम समय आ पहुंचा था। उन्होंने एक बड़ा भारी यज्ञ किया, जिसमें उनके हजारों शिष्य एकत्र हुए। जब यज्ञ समाप्त हो गया, तो गुरु नानक ने भाई लहणा को अपनी गद्दी पर बैठाकर,

उनके चरणों पर अपना माथा टेका और फिर घोषणा की कि आज से लहणा ही गुरु हैं। आज से इनका नाम भाई लहणा नहीं, गुरु अंगद देव है। संवत् 1596 में अंगद देव को गुरु गद्दी सौंपने के बाद ही गुरु नानक ने अपने प्राण विसर्जित कर दिए।

जब उनके अन्तिम संस्कार की तैयारियां होने लगीं, तो उनके हिन्दू और मुसलमान शिष्यों में झगड़ा होने लगा। हिन्दू शिष्य तो हिन्दू परम्परा के अनुसार उनका दाह, संस्कार करना चाहते थे, जबकि मुसलमान शिष्य अपने नानक पीर को अपनी परम्परा के अनुसार दफन करना चाहते थे।

वे आपस में वाद–विवाद करते हुए उस स्थान पर पहुंचे जहां चादर से ढका गुरु नानक का पार्थिव शरीर रखा था।

उन्होंने चादर हटाई, तो उनकी आंखें आश्चर्य से फटी रह गईं। चादर के नीचे गुरुजी का शव नहीं था, फूलों का ढेर पड़ा हुआ था।

❑

गुरु अंगद देव

संवत् 1561 की बात है।

जिला फिरोजपुर के एक गांव 'मत्ते की सराय' में फेरुमल नाम के एक खत्री रहते थे। उनकी किराने की दूकान थी। उनकी पत्नी दयाकुंवरि की कोख से वैशाख बदी प्रतिपदा को एक शिशु ने जन्म लिया। माता–पिता ने उसका नाम रखा लहणा। और यही लहणा अंगद देव के नाम से गुरु नानकदेव के बाद उनकी गद्दी पर बैठे। यह सिक्खों के दूसरे गुरु थे।

बालक लहणा बहुत ही सुन्दर थे। जो भी देखता था, वह देखता ही रह जाता था। जब वह बड़े हुए तो उनका स्वभाव भी उनके रूप की तरह सुन्दर सिद्ध हुआ। वह बहुत ही उदार और मिलनसार थे।

अभी वह छोटे से ही थे कि फेरुमल पर विपत्ति के बादल घुमड़ने लगे। वह गांव एक मुसलमान जागीरदार की जागीर में था। वह जागीरदार कट्टर मुसलमान होने के साथ–साथ बहुत ही क्रूर और अन्यायी भी था। जब भी उसे यह पता चलता कि उसकी जागीर के किसी गांव में रहने वाले हिन्दू के पास धन या कोई अच्छी कीमती चीज है, वह जबरदस्ती उससे छीन लेता था।

फेरुमल की दूकान तो छोटी–सी थी, फिर भी उनका परिवार गांव में सम्पन्न परिवार माना जाता था। किसी ने जाकर जागीरदार से कह दिया कि फेरुमल के पास बहुत धन इकट्ठा हो गया है। यह सुनते ही जागीरदार ने फेरुमल की धन–सम्पत्ति छीनने की योजना बना डाली।

लेकिन किसी तरह फेरुमल को जागीरदार की योजना का पता चल गया। वह उसी समय रात के अंधेरे में अपने परिवार और सारे धन को लेकर अपनी बहिन के घर चले गए। उनकी बहिन अमृतसर

जिले के 'खडूर' गांव में रहती थी। वहीं फेरुमल ने किराने की दूकान खोल ली और अपना कारोबार करने लगे।

फेरुमल दुर्गा माता के भक्त थे। वह जब भी चिन्तपूर्णी और ज्वाला देवी के दर्शन करने जाते थे, बालक लहणा को भी अपने साथ ले जाते थे। इस प्रकार बचपन से ही लहणा के मन में दुर्गा मां के प्रति श्रद्धा–भक्ति जाग गई थी। बड़े होकर वह भी अपने पिता की तरह हर वर्ष मां भगवती के दर्शन करने के लिए जाने लगे।

उन दिनों छोटी उम्र में ही विवाह हो जाते थे। इसी परम्परा के अनुसार संवत् 1576 में पन्द्रह–सोलह वर्ष की आयु में ही लहणा का विवाह कर दिया गया।

खडूर में ही देवीचन्द खत्री रहते थे। अच्छा खाता–पीता परिवार था। उनकी पुत्री खीवी बहुत ही सुधड़ और सुशील थी। लहणा का विवाह संवत् 1576 में खीवी के साथ हो गया।

विवाह के बाद भी लहणा पूर्ववत अपने धार्मिक कार्यों और मां भगवती की अर्चना–आराधना में लगे रहे। उनकी धार्मिक प्रवृति में कोई अन्तर नहीं आया। वह हर वर्ष अपने संगी–साथियों के साथ चिन्तपूर्णी और ज्वाला देवी की यात्रा पर जाते रहे।

विवाह के लगभग पांच वर्ष बाद संवत् 1581 में लहणा की पत्नी ने एक पुत्र को जन्म दिया। उसका नाम दासू रखा गया। उसके बाद बीबी अमरो पैदा हुई। इनके बाद पुत्र दातू और बीबी अणोखी ने जन्म लिया।

बचपन से ही लहणा की प्रवृत्ति धार्मिक थी। पिता की मृत्यु के बाद वह कारोबार में लग तो गए थे, लेकिन उनका मन अशान्त रहता था। मां भगवती के दर्शनों और पूजा–आराधना के बाद भी उनके मन को सच्ची शान्ति नहीं मिल पाती थी। उनका मन किसी ऐसे गुरु की तलाश में भटकता रहता था, जो उन्हें वास्तविक शान्ति का मार्ग सुझा सके।

अपने सद्व्यवहार और धार्मिक प्रवृत्ति के कारण उन्हें खडूर निवासियों से आशा से अधिक स्नेह और सम्मान मिला था। लोग उन्हें चौधरी की उपाधि से सम्बोधित करने लगे थे। घर में किसी चीज की कमी नहीं थी, फिर भी उनका मन हर समय बेचैन बना रहता था।

अचानक एक दिन मुंह अंधेरे वह सोकर उठे ही थे कि उनके कानों में संगीतमय सुरों में गुरु नानकदेव जी की वाणी पड़ी। गुरुजी

की वाणी, उनका पड़ोसी जोधा गा रहा था। जोधा गुरु नानक का शिष्य था। वह मुंह अंधेरे ही बिस्तर छोड़ देता था और फिर नहा धोकर गुरु वाणी का पाठ किया करता था। गुरु वाणी के शब्द चौधरी लहणा के दिल की गहराइयों में उतरते चले गए। उसने जोधा के घर जाकर उससे पूछा, "यह तुम क्या गा रहे हो?"

"गुरुवाणी," जोधा ने उत्तर दिया, "गुरु नानक अकसर शब्द द्वारा उपदेश देते हैं। मैं वही शब्द गा रहा हूं।"

शब्द उसके और अर्थ ने चौधरी लहणा के अन्तर में एक अपूर्व शान्ति भर दी। वह गुरु नानक के बारे में सोचने लगा, जिनका उपदेश इतना प्रभावशाली है, वह स्वयं कितने महान होंगे। उसका हृदय गुरु नानक के दर्शनों के लिए व्यग्र हो उठा। उन्होंने निश्चय कर लिया कि वह गुरु नानक के दर्शन करने अवश्य जायेंगे। न जाने क्यों उनके मन में विश्वास की एक नई ज्योति जागृत हो उठी। उनके अशान्त हृदय ने कहा, निःसंदेह गुरु नानक तुम्हारे अन्तर मन की सारी बेचैनी और अशान्ति दूर कर देंगे।

बस उसी दिन से वह गुरु नानक के दर्शन के अवसर की प्रतीक्षा करने लगे।

❑❑

कुछ दिनों बाद ही नवरात्रि आ गयी। हर वर्ष की तरह चौधरी लहणा और उनके साथी चिन्तपूर्णी और ज्वालादेवी की यात्रा की तैयारी करने लगे।

यह संवत् 1589 की बात है। चौधरी लहणा की उम्र केवल 28-29 वर्ष ही थी। वह दो पुत्रों और दो पुत्रियों के पिता बन चुके थे। कारोबार और परिवार की समस्त जिम्मेदारियां उन्हीं के कन्धों पर थीं। लेकिन विधि का विधान है—जो लोग समाज और जन–कल्याण के लिए इस धरती पर जन्म लेते हैं, संसार के माया–मोह के बन्धन उनके बढ़ते हुए कदमों को जंजीर में नहीं बांध पाते हैं।

चौधरी लहणा अपने संगी–साथियों के साथ देवी के दर्शनों के लिए खडूर से चल पड़े। वे लोग करतारपुर से गुजर रहे थे कि एक स्थान पर लगी भीड़ को देखकर ठहर गए। पूछने पर पता चला, यह गुरु

नानक के शिष्य हैं, जो अपने गुरु का उपदेश सुनने के लिए आये हुए हैं।

गुरु नानक उस समय उपदेश दे रहे थे। चौधरी लहणा भी एक ओर जा बैठे और बड़ी तन्मयता से सुनने लगे। गुरु नानकदेव के मुख से निकले हुए हर शब्द को सुनकर उन्हें ऐसा लग रहा था, जैसे उनके मन की अशान्ति इस तरह मिटती चली जा रही है, जैसे सुबह के सूर्य की हर किरण के साथ रात्रि का अन्धकार दूर होता चला जाता है।

जब प्रवचन समाप्त हुआ तो चौधरी लहणा को ऐसा लगा जैसे उनके मन में अशान्ति कभी थी ही नहीं। वह अपने मन और तन को बहुत ही हलका महसूस कर रहे थे।

उन्होंने अपने संगी–साथियों से कहा कि वे देवी के दर्शन करने चल जाएं। वह यहीं रहेंगे। फिर जब वे लोग वापस लौटेंगे, वह उनके साथ गांव चले चलेंगे।

उनके संगी–साथी देवी दर्शन के लिए चले गए।

चौधरी लहणा ने गुरु नानक के चरण पकड़कर कहा, ''गुरुजी, आज वर्षों भटकने के बाद आपके रूप में मुझे सच्चे गुरु मिले हैं। अब मैं आपको छोड़कर कहीं नहीं जाऊंगा। इन चरणों को छोड़कर मैं कभी कहीं नहीं जाऊंगा।''

''तुम यहीं रहो भाई लहणा,'' गुरु नानक ने उनके सिर पर स्नेह भरा हाथ फेरते हुए कहा, ''आज से लंगर की व्यवस्था तुम ही किया करोगे।''

चौधरी लहणा उसी समय से भाई लहणा बन गए। गुरु नानक के हाथों का स्पर्श पाते ही जैसे उनका काया पलट हो गया था।

जब गांव वाले संगी–साथी देवी का दर्शन करके करतारपुर पहुंचे और उन्होंने भाई लहणा से घर चलने के लिए कहा तो उन्होंने साफ इनकार कर दिया।

निराश होकर उनके संगी–साथी खडूर लौट गए।

❑❑

भाई लहणा की ईश्वर भक्ति को गुरु नानकदेव ने भांप लिया था। उन्हें भाई लहणा में केवल भक्ति ही नहीं सेवा और त्याग की भावना भी दिखाई दी। भाई लहणा ने अपनी सेवा, भावना और कर्तव्य निष्ठा से गुरु नानक को इतना प्रभावित कर लिया कि कुछ ही दिनों

में वह उनके परमप्रिय शिष्य बन गए। वह भाई लहणा को बहुत चाहने लगे थे। उन्होंने मन–ही–मन अपनी गद्‌दी भाई लहणा को देने का निश्चय कर लिया था।

लेकिन उनकी पत्नी चाहती थीं कि वह अपने बड़े बेटे श्रीचंद को गद्‌दी दें। श्रीचंद को भी यही आशा थी कि पिता के बाद वह गुरु गद्‌दी पर बैठेंगे। गुरु नानक अपनी पत्नी और पुत्रों की भावनाओं से अच्छी तरह परिचित थे। वह इनकार करके और भाई लहणा को गद्‌दी देने की घोषणा करके एक नई कलह को जन्म देना नहीं चाहते थे। इसलिए, उन्होंने सोचा कि वे भाई लहणा के कार्यों द्वारा ही अपनी पत्नी, पुत्रों और शिष्यों को यह बता देंगे कि गुरु गद्‌दी के योग्य भाई लहणा के अतिरिक्त और कोई नहीं है।

सर्दी की ठिठुरती हुई रात थी। इतनी कड़ाके की सर्दी पड़ रही थी कि बिस्तर से निकल पाना कठिन था। भाई लहणा उसी कमरे के पास वाली एक कोठरी में सोया करते थे, जिस कमरे में गुरु नानक सोते थे। गुरु नानक के कमरे से लगा हुआ एक दूसरा कमरा था, जिसमें उनके दोनों पुत्र श्रीचंद और लक्ष्मीचंद सोया करते थे।

जब आधी रात बीत गई तो अचानक गुरु नानकदेव ने अपने दोनों पुत्रों को बुलाया और उनसे कहा, ''मेरे कपड़े बहुत मैले हो गए हैं। इन्हें नदी पर ले जाओ और धोकर सुखा दो, मैं इन्हें सुबह पहनूंगा।''

पिता की यह बात सुनकर दोनों पुत्र हैरान रह गए। इतने कड़ाके की सर्दी में गर्म बिस्तर छोड़कर खुली बर्फीली हवा में निकलना और नदी तक जाना। और फिर नदी में उतर कर ठंडे पानी में कपड़े धोना, अपनी मौत को दावत देना था।

उन दोनों ने कहा, ''पिताजी, हमें नींद आ रही है। हम आपके कपडे सुबह धो देंगे।''

गुरु नानकदेव प्रत्युत्तर में कुछ कहते, उससे पहले ही दोनों पुत्र अपने कमरे में चले गए और बिस्तर में जा सोये।

गुरु नानकदेव ने भाई लहणा को बुलाया।

''आज्ञा दीजिए, गुरुजी'' भाई लहणा ने दोनों हाथ जोड़कर कहा।

''भाई लहणा, मेरे कपड़े बहुत मैले हो गए हैं। तुम इन्हें नदी पर ले जाओ और धोकर सुखा दो। मैं सुबह इन्हीं कपड़ों को पहनना चाहता हूं।''

"जो आज्ञा, गुरुजी" भाई लहणा ने कहा और कपड़े उठाकर नदी पर चले गए। उन्होंने खूब मल–मल कर कपड़े धोए और घर लौट कर सुखा दिए। सुबह स्नान करके गुरु नानक ने वही कपड़े पहन लिए।

जब दिन अच्छी तरह निकल आया तो श्रीचंद और लक्ष्मीचंद ने आकर कहा, "पिताजी, कपड़े दे दीजिए, नदी पर धो लाएं।"

गुरु नानक ने पहने हुए कपड़े दिखाते हुए कहा, "नहीं, कोई जरूरत नहीं, भाई लहणा ने रात को कपड़े धो कर सुखा दिए थे। ये कपड़े वही तो हैं।"

गुरु नानक के आसपास बैठे हुए अन्य शिष्य हैरान रह गए। रात की कड़ाके की सर्दी का उन्हें पता था। ऐसी भयानक सर्दी में नदी के किनारे जाकर कपड़े धोने की कल्पना मात्र से उनके बदन का लहू ठंडा पड़ने लगा। भाई लहणा की सेवा भावना पर सभी दंग रह गए।

श्रीचंद और लक्ष्मीचंद के चेहरे उतर गए। वह बिना कुछ कहे–सुने वहां से चले गए।

❑❑

करतारपुर में गुरु नानक की जमीन थी। खेती–बाड़ी होती थी। गाय–भैंसें थीं। गुरुजी ने अपने पशुओं की देख–भाल का काम भाई लहणा को सौंप दिया। और भी कई शिष्य थे, जो खेती–बाड़ी और पशुओं की देख–भाल करते थे।

एक बार कई दिन तक वर्षा होती रही। जब वर्षा बंद हुई तो चारों ओर कीचड़ हो गई। उस कीचड़ में कीचड़ से भरी घास लाना कोई आसान काम न था। पशुओं का चारा समाप्त हो गया था। फिर भी कोई शिष्य चारा लाने के लिए उस कीचड़ में जाने को तैयार नहीं था। क्योंकि कीचड़ से भरा चारा सिर पर ढोने पर कीचड़ से लथपथ हो जाना निश्चित था।

जब भाई लहणा ने देखा कि कोई भी चारा लाने नहीं जा रहा, खुद ही चारा लाने चले गए। जब चारा लेकर लौटे तो उनके केवल कपड़े ही नहीं, सारा शरीर कीचड़ से लथपथ था। उन्हें इस बात का कोई दुःख नहीं था। न चिन्ता थी। क्योंकि सेवा को उन्होंने अपना कर्म बना लिया था।

गुरु नानक के पास सैकड़ों की संख्या में उनके शिष्य रोजाना आते रहते थे। गुरुजी के उपदेश सुनते–सुनते दोपहर हो जाती थी। सब लोग लंगर में भोजन करते थे।

एक बार नमक खत्म हो गया। जब भाई लहणा को पता चला तो वह खडूर चले गए और नमक की बोरी अपने सिर पर लादकर ले आए। उन्होंने इस काम को करने में बिलकुल अपमान महसूस नहीं किया। जिस गांव के लोग चौधरी कहकर उन्हें सम्मानित करते थे, उसी गांव से नमक की बोरी सिर पर लादकर लाने में उन्हें रत्ती भर भी झिझक महसूस नहीं हुई।

एक दिन लंगर खत्म हो जाने के बाद गुरु नानक के कुछ शिष्य वहां पहुंचे। वे लोग बहुत दूर से चलकर आये थे। भूखे थे। उधर लंगर समाप्त हो चुका था।

गुरु नानक ने अपने दोनों पुत्रों को बुलाया। सामने खड़े कीकर के एक पेड़ की ओर इशारा करते हुए कहा, ''तुम दोनों उस पेड़ पर चढ़ जाओ और इसकी डालियों को जोर–जोर से हिलाओ। कुछ लोग बहुत दूर से चलकर आए हैं। भूखे हैं बेचारे। इन्हें भोजन कराना हमारा धर्म है। जब तुम कीकर की डालियों को हिलाओगे, तरह–तरह की मिठाइयां टपकेंगी। उन्हें इन लोगों को खिला देना।''

पिता की बात सुनकर दोनों पुत्र आश्चर्य से उनका मुंह देखते रह गए। पेड़ से और वह भी कीकर के पेड़ से मिठाइयां, भला कैसे टपक सकती हैं। पिताजी अकारण ही उनका मजाक उड़वाना चाहते हैं—दोनों पुत्रों ने सोचा और चुपके से खिसक गए।

गुरु नानक ने अपने अन्य शिष्यों से भी यही कहा। लेकिन कोई भी तैयार नहीं हुआ। सब लोग यही सोच रहे थे कि गुरुजी उन्हें बेवकूफ बनाना चाहते हैं।

लेकिन भाई लहणा को गुरुजी पर अगाध श्रद्धा थी, अडिग विश्वास था। भाई लहणा उठे और कीकर के पेड़ पर जा चढ़े। और फिर उन्होंने पेड़ की डालियां हिलानी शुरू कर दीं।

दूसरे ही पल वहां मौजूद लोगों की आंखें आश्चर्य से फटी रह गईं। कांटों से भरे कीकर के पेड़ से तरह–तरह की स्वादिष्ट मिठाइयां टपक रही थीं। उन्होंने पेड़ से उतर कर मिठाइयां इकट्ठी कीं और

आये हुए शिष्यों को खिला दीं।

भाई लहणा के मन में गुरुजी के किसी भी शब्द के प्रति अविश्वास का नामो–निशान तक नहीं था। वह उनकी वाणी को प्रथम वाक्य समझते थे।

❑❑

एक दिन गुरुजी के कमरे में एक चूहा मर गया। उसकी बदबू सारे कमरे में फैल गई। गुरुजी ने अपने दोनों पुत्रों और शिष्यों को बुलाकर कहा, "इस मरे चूहे को उठाकर कहीं दूर फेंक आओ।"

मरे हुए चूहे में से इतनी बदबू आ रही थी कि कमरे में खड़े रह पाना कठिन हो रहा था। उसे उठाने के लिए कोई भी तैयार नहीं हुआ।

गुरुजी ने पशुओं की देख–भाल में लगे भाई लहणा को बुलाया।

"आज्ञा गुरुजी!" भाई लहणा ने दोनों हाथ जोड़कर पूछा।

"भाई लहणा, इस मरे हुए चूहे को उठाकर आबादी से दूर फेंक आओ" गुरु नानक ने आदेश दिया।

"जैसी आज्ञा", भाई लहणा ने कहा और चूहे की दुम पकड़ कर उसे उठा लिया और दूर जंगल में जाकर छोड़ आए। गुरु की आज्ञा के सामने उन्होंने मरे चूहे से आती हुई बदबू की ओर कोई ध्यान नहीं दिया।

❑❑

एक दिन गुरु नानक ने जानबूझ कर अपना कांसे का कटोरा कीचड़ से भरे एक गड्ढे में फेंक दिया। और फिर अपने पुत्रों तथा शिष्यों को एक–एक कर आदेश दिया कि वे गड्ढे में घुस कर कटोरा निकाल लाएं। गड्ढे में घुटनों से भी ऊपर तक की कीचड़ भरी हुई थी। सब लोग कोई–न–कोई बहाना बनाकर खिसक गए। क्योंकि कोई भी कीचड़ से भरे गड्ढे में घुसकर अपने कपड़ों और अपने शरीर को कीचड़ से लथपथ नहीं करना चाहता था।

अन्त में गुरु नानक ने भाई लहणा को आदेश दिया कि वह उस कटोरे को निकाल लाये।

भाई लहणा तत्काल गड्ढे में उतर गए और कटोरा निकाल लाए। उन्हें इस बात की रत्तीभर भी चिन्ता नहीं हुई कि कीचड़ उनके शरीर से लिपट जाएगी और उनके कंपड़े कीचड़ से भर जायेंगे। उनके लिए तो गुरु का आदेश ही सर्वोपरि था।

❑❑

गुरु नानक समाधि लगाए अपनी गद्दी पर बैठे थे। सामने अनेक शिष्य बैठे उनकी समाधि के भंग होने की प्रतीक्षा कर रहे थे।

अचानक गुरु नानक ने आंखें खोलीं। एक नजर सामने बैठे शिष्यों पर डाली और फिर पास ही पड़ा अपना डंडा उठा और पागलों की तरह शिष्यों पर टूट पड़े। जो भी सामने आया, उसी पर डंडे बरसाने लगे।

उनकी रौद्र मूर्ति और पागलों जैसी हरकत देखकर उनके दोनों बेटे और शिष्य सिर पर पांव रखकर भाग गये लेकिन भाई लहणा वहीं खड़े रहे। और गुरु नानक के डंडों की मार बड़े शान्त भाव से सहन करते रहे।

❑❑

गुरु नानक भाई लहणा को गुरु गद्दी सौंपने का निश्चय उसी दिन कर चुके थे, जिस दिन वह कड़कती सर्दी में नदी से उनके कपड़े धोकर लाए थे और उसके बाद से गुरु नानक के कपड़ों को धोने की जिम्मेदारी भी गुरु के बताए हुए अन्य कामों के साथ ले ली थी।

गुरु नानक ने उनकी अनेक परीक्षाएं ले डाली थीं फिर भी उन्होंने सबसे अधिक भीषण परीक्षा लेने का निश्चय कर लिया। वह कुछ देर तक पागलों जैसी हरकते करते रहे और फिर उठकर जंगल की ओर चल दिए।

उनकी पागलों जैसी हालत देखकर बहुत-से कुत्ते उनके पीछे लग गए। लेकिन गुरु नानक अपने डंडे से उन्हें धमकाते हुए जंगल की ओर बढ़ते रहे।

यह देखकर उनके कुछ शिष्य और दोनों पुत्र भी उनके पीछे-पीछे चल दिए। उन शिष्यों में भाई लहणा भी शामिल थे।

चलते–चलते गुरु नानक श्मशान पहुंचकर और धरती पर कफन से ढके एक मुर्दे के पास पहुंचकर रुक गए।

वह बड़े ध्यान से उस मुर्दे को देख ही रहे थे कि उनके दोनों पुत्र और शिष्य भी उनके पास पहुंच गए।

"तुम लोग बहुत दूर से मेरे पीछे–पीछे आ रहे हो। दोपहर का वक्त है, भोजन का समय हो चुका है। तुम लोगों को भूख भी लगी होगी। तुम्हें आज बहुत ही स्वादिष्ट चीज खिलाता हूं।"

यह कहकर उन्होंने मुर्दे की ओर उंगली उठाई और अपने पुत्रों तथा शिष्यों की ओर देखते हुए बोले, "इसे खाओ।"

गुरु नानक की बात सुनकर सब लोग सन्नाटे में रह गए, कितना विचित्र और भयानक था गुरु का आदेश। गुरु नानकदेव के दोनों पुत्रों और शिष्यों ने घृणा से अपने मुंह फेर लिए और वहां से खिसकने लगे।

लेकिन भाई लहणा आगे बढ़े और उन्होंने दोनों हाथ जोड़कर पूछा, "गुरुजी, इस मुर्दे को किस ओर से खाना शुरू करूं? सिर की ओर से या पैरों की ओर से?"

गुरु नानकदेव ने आज्ञा दी "पैरों की ओर से खाना शुरू करो।"

"जो आज्ञा!" भाई लहणा ने कहा और मुर्दे के पैरों के पास जा बैठे। उनके मन में न घृणा थी, न कोई परेशानी थी।

उन्होंने हाथ बढ़ाकर मुर्दे के ऊपर पड़ा कफन हटा दिया।

दूसरे ही पल सब लोग आश्चर्यचकित रह गए। कफन के नीचे कोई मुर्दा नहीं था। वह सफेद चादर धरती पर इस तरह पड़ी थी जैसे उससे किसी लाश को ढक दिया गया हो।

गुरु नानक के चेहरे पर अनुराग भरी मुस्कुराहट नाच उठी। आंखें स्नेह से चमक उठीं। उन पर छाया हुआ पागलपन समाप्त हो गया। वह सामान्य स्थिति में आ गए।

गुरु नानक ने आगे बढ़कर भाई लहणा को अपनी बांहों में भरकर अपने सीने से लगा लिया और स्नेह भरे स्वर में बोले, "पुरखे आज से तुम्हारा नाम भाई लहणा नहीं, अंगद देव है। मैंने तुम्हें अपने अंग से लगा लिया है। अब तुम मेरे ही प्रतिरूप हो।"

इस घटना के कुछ दिनों बाद ही गुरु नानकदेव ने महसूस किया

कि अब अकाल पुरुष का बुलावा आ गया है। उन्हें बहुत शीघ्र इस संसार से जाना होगा।

उन्होंने अपने तमाम शिष्यों को निमन्त्रण भेज दिए कि वे 17 आषाढ़ संवत् 1596 को करतारपुर में जरूर पहुंचें।

उनका आदेश पाते ही उनके शिष्य करतारपुर की ओर चल दिए। अन्त में वह शुभ दिन आ गया।

गुरु नानकदेव का दरबार उस दिन विशेष रूप से सजाया गया था। लेकिन यह कोई नहीं जानता था कि इस धूमधाम का कारण क्या है।

जब दरबार खचाखच भर गया तो गुरु नानकदेव ने भाई अंगद देव का हाथ पकड़ कर उन्हें अपनी गद्दी पर बैठा दिया और पांच पैसे तथा एक नारियल भेंट चढ़ाकर उन्हें गुरुपद का भार ग्रहण करने का आदेश दिया।

फिर उन्होंने संगत को सम्बोधित करते हुए कहा, "आज से भाई अंगद देव आप सबके गुरु हैं। आज से आप इन्हीं के आदेशों का पालन करेंगे। इनकी कर्तव्यपरायणता आप लोगों ने देखी है। इनकी उस कर्तव्यपरायणता, और सेवा की भावना को देखते हुए ही मैंने अपना भार इन्हें सौंपा है।"

संगत ने गुरु अंगद देव की जय–जयकार से धरती–आकाश गुंजा दिए। लेकिन उनके पुत्रों को अपने पिता का यह निर्णय पसन्द नहीं आया। उनके बड़े पुत्र श्रीचंद ने उसी समय घर छोड़ दिया और उदासीन सम्प्रदाय की नींव डाली।

❑❑

गुरु नानकदेव ने गुरु अंगद देव से कहा कि वह खडूर वापस चले जायें और वहीं रहकर उनके विचारों और सिद्धान्तों का प्रचार करें।

गुरु नानकदेव का आदेश पाकर गुरु अंगद देव खडूर वापस आ गए।

खडूर में गुरु अंगद देव की बुआ रहती थीं। उनका नाम माई मिराई था। अपने गुरु का आदेश पाकर, गुरु अंगद देव खडूर आ तो गए लेकिन अपने घर के बजाए अपनी बुआ के मकान में रहने लगे। वह सारे दिन एक कोठरी में रहते और अकाल पुरुष का नाम स्मरण

करते रहते। तीन महीने बाद, जब उन्हें गुरु नानकदेव के स्वर्गारोहण का समाचार मिला तो वह उस कोठरी से निकलकर बाहर आ गए।

गुरु नानकदेव के शिष्यों ने उनसे अनुरोध किया कि अब वह उनका मार्गदशन करें। गुरु अंगद देव ने उनका अनुरोध स्वीकार कर लिया और बाकायदा दरबार लगाकर आगन्तुक व्यक्तियों को उपदेश देने लगे।

गुरु अंगद देव के हृदय में आरम्भ से ही सेवा, विनम्रता और उदारता कूट–कूट कर भरी हुई थी। उनके अन्दर से निकलने वाले शब्द इतने प्रभावशाली होते थे कि जो भी सुनता था उनका अनुयायी बन जाता था।

उन्होंने सबसे पहला और महान कार्य यह किया कि गुरु नानकदेव के शब्दों को लिपिबद्ध कराकर उन्हें संग्रहीत किया। इस प्रकार वे शब्द हमेशा–हमेशा के लिए अमर हो गए। इन्हीं शब्दों को बाद में गुरुग्रन्थ साहब में समाहित कर लिया गया।

गुरु अंगद देव की वाणी में ओज था। उनके विचारों में प्रभाव और शक्ति थी। गुरु नानकदेव की तरह वह भी अपने शिष्यों को शब्द के माध्यम से ही उपदेश देते थे। उनके रचे हुए 63 शब्द गुरु ग्रन्थ साहब में शामिल हैं।

गुरु अंगद देव की वाणी में विचित्र प्रभाव था। वह सीधे–सादे शब्दों में अपने अनुयायियों को ईश्वर भक्ति का उपदेश देते थे। यही नहीं, वह अपने अनुयायियों को यह भी बताया करते थे कि उन्हें प्रभु की पूजा–आराधना करते हुए अपना सांसारिक जीवन किस प्रकार व्यतीत करना चाहिए।

वह कहा करते थे—मनुष्य जो दूसरों को देता है, वही उसे प्राप्त होता है। उसे अपने कर्मों के द्वारा ही स्वर्ग या नरक में स्थान मिलता है।

गुरु अंगद देव की दृष्टि में कर्म ही महत्त्वपूर्ण था। अपने विचारों के कारण, वह बहुत जल्द लोक–प्रिय हो गए। दूर–दूर से लोग उनके उपदेश सुनने खडूर पहुंचने लगे। गुरु नानक की भांति उन्होंने भी हिन्दू समाज में फैली कुरीतियों और धर्म के नाम पर फैले हुए पाखंड का विरोध किया। उन्होंने अपने अनुयायियों को इन पाखंडों से दूर रह कर सीधा–सादा, स्नेह और भाई–चारे से भरा जीवन बिताने का उपदेश दिया।

गुरु अंगद देव की प्रभावशाली वाणी और ओजस्वी रूप ने लोगों को हिन्दू समाज में व्याप्त कुरीतियां और धार्मिक पाखंडों से मुक्त होने की प्रेरणा दी। इसका परिणाम यह हुआ कि हिन्दू धर्म में फैली बुराइयां बड़ी तेजी से समाप्त होती चली गईं।

गुरु अंगद देव ने दो महान कार्य किए। एक तो उन्होंने लंगर की नियमित परम्परा स्थापित की। सभी वर्णों और जातियों के लोग लंगर में साथ–साथ बैठकर भोजन किया करते थे। लंगर की इस परम्परा ने ऊंच–नीच और जाति–पांति के भेद को मिटाकर सभी मनुष्यों को एक सूत्र में बांधने का महान कार्य किया।

वह कहा करते थे—जब तक मनुष्य का शरीर स्वस्थ नहीं होगा, उसके मन में स्वस्थ यानी सुन्दर विचार पैदा ही नहीं हो सकेंगे। दुर्बल होने पर, न तो वह समाज की कोई सेवा कर सकेगा और न दीन–दुःखियों की सहायता। इसलिए, उन्होंने गांव–गांव में अखाड़े की स्थापना की और अपने अनुयायियों से आग्रह किया कि वे जिस प्रकार नियमित रूप से भगवान की आराधना करते हैं, उसी प्रकार नियमित रूप से व्यायाम भी किया करें। सिक्खों में आगे चलकर युद्ध–कला और वीरता की जो भावना पैदा हुई, वह इन अखाड़ों की ही देन थी।

❑❑

गुरु अंगद देव की बढ़ती हुई ख्याति को देखकर, खडूर में ही रहने वाला एक साधु उनसे ईर्ष्या करने लगा। क्योंकि गुरु अंगद देव के कारण लोगों ने उसके पास आना–जाना कम कर दिया था, जिसके कारण उस पाखंडी का धन्धा मन्दा हो गया था। वह रात–दिन यही सोचता रहता था कि गुरु अंगद देव को खडूर से कैसे निकाला जाए।

एक वर्ष वर्षा बिलकुल नहीं हुई। चारों ओर जबरदस्त सूखा पड़ गया। खेतों में फसल नहीं हुई। पेड़ों के पत्ते और घासें सूख गईं। पशुओं के लिए चारा नहीं रहा।

कुछ लोगों ने जाकर उस साधु से वर्षा न होने का कारण पूछा। उस साधु का नाम मलूके था।

मलूके ने आंखें मूंदी और कुछ देर खामोश बैठा रहा। फिर अपनी लाल–लाल आंखें नचाते हुए बोला, ''इस गांव में धर्म का लोप हो गया

है। सारे गांव वाले अधर्मी बन गए हैं।''

''वह कैसे?''

''एक गृहस्थ आदमी की पूजा करना अधर्म नहीं है, तो और क्या है?'' साधु ने कहा।

गांव वाले कुछ देर खामोश बैठे रहे फिर उन्होंने पूछा, ''महाराज, इस संकट से उबरने का कोई उपाय बताइए।''

''जब तक अंगद देव इस गांव में है, वर्षा नहीं होगी। उसे गांव से निकाल दो। जब वह गांव से चला जायेगा, वर्षा होने लगेगी।''

किसी तरह यह बात गुरु अंगद देव के कानों तक पहुंच गई। उन्होंने कहा–''यदि मेरे यहां रहने पर गांव वालों पर कोई संकट आता है तो मुझे लोगों की भलाई के लिए गांव छोड़ देना चाहिए।''

और एक रात वह चुपके से खडूर छोड़कर तुड़ नामक गांव में चले गए। कुछ दिन ही वह तुड़ में रह पाए थे कि छपरी गांव के कुछ लोग आये और गुरु अंगद देव को अपने गांव में ले गए। गुरुजी ने कुछ दिन छपरी गांव में निवास किया और फिर भरोवाल चले गए।

गुरु अंगद देव खडूर छोड़कर चले गए, लेकिन वर्षा नहीं हुई। जब कई महीने बीत गए तो गांव वाले उस साधु के पास पहुंचे और उससे पूछा कि गुरु अंगद देव खडूर छोड़कर चले गए, फिर भी अभी तक वर्षा क्यों नहीं हुई?

साधु ने अपनी सफलता पर एक जोरदार ठहाका लगाया। और उसके ठहाके ने उसकी पोल खोल दी। लोग समझ गए कि इसने जलकर गुरु अंगद देव को गांव से निकालने की यह साजिश की थी।

गांव वालों को उसकी धूर्तता पर क्रोध आ गया और उन्होंने उसे पीट–पीटकर अधमरा कर दिया और भरोवाल चले गए।

उन्होंने गुरु अंगद देव से अपने दुर्व्यवहार के लिए क्षमा याचना की। गुरु अंगद देव का हृदय बहुत ही उदार था। उनके मन में किसी के लिए कोई बुरी भावना नहीं थी। वह गांव वालों के साथ खडूर लौट आए।

❑❑

गुरु नानकदेव के जमाने में बाबर ने भारत पर आक्रमण करके दिल्ली और आगरा पर अधिकार कर लिया था और फिर उसकी सेनाएं

बिहार तक के प्रदेश को जीतती चली गई थीं।

बाबर की मृत्यु के बाद उसका पुत्र हुमायूं दिल्ली के सिंहासन पर बैठा, लेकिन वह शेरशाह सूरी की सेना का सामना न कर पाया और दिल्ली छोड़कर काबुल की ओर चल दिया।

रास्ते में उसे पता चला कि पास के ही खडूर गांव में सिक्खों के गुरु अंगद देव रहते हैं। वह गुरुनानकदेव के सम्बन्ध में अपने पिता बाबर से बहुत–कुछ सुन चुका था। और गुरु अंगद देव की ख्याति भी उसके कानों तक पहुंच चुकी थी। उसने अपने साथियों से कहा कि वे खडूर की ओर अपने घोड़ों का रुख मोड़ दें। वह गुरु अंगद देव से मिलकर आगे बढ़ेगा।

हुमायूं की बची–खुची सेना जिसमें गिने चुने सैनिक ही रह गए थे, खडूर की ओर चल पड़े।

जिस समय हुमायूं खडूर पहुंचा, गुरु अंगद देव समाधि में थे।

हुमायूं उस कोठरी में चला गया, जहां गुरु अंगद देव समाधि लगाए बैठे थे। हुमायूं काफी देर तक चुपचाप खड़ा रहा। उसे विश्वास था कि जब गुरु अंगद देव को पता चलेगा कि दिल्ली का मुगल हुमायूं उनसे मिलने आया है तो वह अपनी समाधि–भंग कर देंगे। लेकिन गुरु अंगद देव ने अपनी समाधि भंग नहीं की।

काफी देर हो गई। हुमायूं क्रुद्ध हो उठा। यह उसका—एक मुगल शहंशाह का अपमान था। सिक्खों के गुरु अंगद देव ने उसका पूरजोश स्वागत करना तो दूर–आंख उठाकर उसकी ओर देखा तक नहीं था।

उसने क्रोध से दांत पीसते हुए अपनी तलवार म्यान से निकाल ली।

तभी गुरु अंगद देव ने मुस्कुराते हुए आंखें खोल दीं और बहुत ही मधुर स्वर में बोले, "सचमुच तुम बहुत बहादुर हो बादशाह। तुम्हारी यह तलवार उस समय कहां चली गई थी, जब तुम शेरशाह सूरी के साथ युद्ध कर रहे थे? आज उसी तलवार को तुम एक फकीर पर उठा रहे हो। क्या अपनी पराजय की झुंझलाहट एक फकीर पर निकालना चाहते हो?"

गुरु अंगद देव की बात सुनकर हुमायूं शर्मिन्दा हो गया। उसने अपनी तलवार म्यान में रख ली। शर्म से उसका सिर झुक गया था। कुछ देर वह किंकर्तव्यविमूढ़ खड़ा रहा और फिर गुरु अंगद देव के

चरणों में गिर कर बोला, "मुझे मांफ कर दीजिए गुरुजी! मुझसे बहुत बड़ी गलती हुई है।"

गुरु अंगद देव ने हुमायूं को उठाया और उसी शान्त, संयत और मधुर स्वर में बोले, "मैं तुम्हें क्षमा करता हूं बादशाह! मैं जानता हूं कि तुम मेरे पास क्यों आए हो। जाओ, तुम्हारी मनोकामना पूरी होगी, तुम्हें अपना खोया राज्य फिर मिल जायेगा। लेकिन भविष्य में ऐसी गलती कभी मत करना। जो बादशाह संकट के समय भी अपना संयम नहीं खोता, विवेक नहीं खोता, उसे पराजय का मुंह कभी नहीं देखना पड़ता।"

हुमायूं ने सिर झुकाकर गुरु अंगद देव को प्रणाम किया और अपने साथियों के साथ वहां से चल पड़ा।

गुरु अंगद देव के आशीर्वाद से कुछ समय बाद उसने सेना इकट्ठी करके दिल्ली पर आक्रमण किया और शेरशाह सूरी के पुत्र सलीमशाह सूरी को पराजित करके अपना राज्य पुनः प्राप्त कर लिया।

गुरु अंगद देव खडूर से बाहर कहीं नहीं गए। कभी–कभी वह गोयन्दवाल जरूर जाते रहते थे जहां, भाई अमर दास रहते थे।

अपना अंतिम समय निकट जानकर गुरु अंगद देव ने भाई अमर दास को अपनी गद्दी सौंप दी। और फिर वैशाख 3, संवत् 1609 को उनकी आत्मा, परमात्मा में विलीन हो गई।

❑

गुरु अमरदास

सिक्खों के तीसरे गुरु अमरदास जी का जन्म वैशाख सुदी 14 संवत् 1536 को जिला अमृतसर के एक गांव बासरके में हुआ था। उनके पिता भाई तेजभानजी और माता लक्ष्मीजी जिन्हें सुलक्षिणी भी कहते थे, धार्मिक प्रवृत्ति के थे। उनके धार्मिक विचारों का प्रभाव बालक अमर दास पर बचपन से ही पड़ना आरम्भ हो गया था। किशोरावस्था से ही उन्हें तीर्थाटन का शौक लग गया था। वह गांव के अपने संगी–साथियों के साथ अकसर तीर्थों की यात्रा करने चले जाते थे। वह हर वर्ष हरिद्वार गंगा स्नान करने जाते थे। और यह उनका नियम बन गया था।

हर वर्ष की भांति जब वह एक बार गंगा में स्नान कर रहे थे अचानक उनके पास ही स्नान करते पंडित दुर्गादत्तजी की नजरे, उनपर पड़ गईं। पंडित दुर्गादत्त अपने जमाने के विख्यात ज्योतिषी थे। उन्हें किशोर अमर दास के चेहरे पर एक अपूर्व तेज दिखाई दिया।

उन्होंने किशोर अमरदास से पूछा, "तुम कौन हो बेटे? कहां के रहने वाले हो?"

किशोर अमरदास ने अपना परिचय दिया तो पंडित दुर्गादत्त ने उनके हाथ की रेखाएं देखीं। रेखाओं का अध्ययन करने के बाद उन्होंने कहा–"बेटा, एक दिन या तो तुम किसी बहुत बडे राज्य के राजा बनोंगे या फिर बहुत बड़े सन्त। दीन–दुःखियों की सेवा करके उच्च पद प्राप्त करोगे।"

पंडित दुर्गादत्त की इस भविष्यवाणी ने किशोर अमरदास के मन में ईश्वर की पूजा–आराधना की भावना और गहरी कर दी। वह अपने पिता के कारोबार में हाथ भी बंटाते थे और भगवान की आराधना भी नियमित रूप से किया करते थे।

उनका विवाह 17 माघ, संवत् 1559 को मनसा देवी के साथ हुआ। मनसा देवी ने दो पुत्रियों बीबी दानी और बीबी भानी को तथा दो पुत्रों, मोहन और मोहरी को जन्म दिया।

अमरदास जी के पिता की किराने की दूकान थी। घर में किसी भी चीज की कमी नहीं थी। सुन्दर, सुशील और आज्ञाकारी पत्नी थी, धन–सम्पत्ति थी। भगवान की पूजा–आराधना की पूरी सुविधा प्राप्त थी फिर भी अमरदास जी का मन अशान्त रहता था। उनके घर में साधु–सन्त अकसर आते रहते थे। वह उनमें से ऐसे योग्य व्यक्ति को खोजने की चेष्टा करते रहते थे, जिसे वह अपना गुरु बना सकें। क्योंकि उनका विश्वास था कि गुरु ही व्यक्ति को सच्ची राह दिखा सकता है।

एक दिन सुबह का समय था। अमरदास जी कहीं जा रहे थे कि अचानक एक मकान में से उन्हें एक भजन की सुमधुर आवाज आती सुनाई दी। उनके बढ़ते हुए कदम ठिठक कर वहीं रुक गए। और वह बड़ी तन्मयता से उस भजन को सुनने लगे।

जब भजन समाप्त हो गया तो उन्होंने उस मकान की ओर देखा यह मकान उनके भतीजे का ही था। वह उस मकान के अन्दर चले गए। उन्होंने देखा, उनके भतीजे की नव–विवाहिता पत्नी बड़ी तन्मयता से गा रही थी। अमरदास जी ने बीबी अमरो से पूछा, "बेटी, यह भजन किसका था जिसे तुम गा रही थी?"

बीबी अमरो ने उत्तर दिया, "यह रचना गुरु नानकदेव जी की है। मेरे पिताजी ने बचपन में ही मुझे ये भजन याद करा दिए थे। मैं नियमित रूप से सुबह नहा–धोकर उनका पाठ करती हूं।"

बीबी अमरो की बात सुनकर अमरदास जी के मन में गुरु अंगद देवजी के दर्शन की अभिलाषा जाग उठी। उन्होंने कहा, "बेटी मैं भी गुरुजी के दर्शन करना चाहता हूं। क्या तुम मुझे उनके पास ले चलोगी?"

"जरूर ले चलूंगी।" बीबी अमरो ने कहा और जब वह अपने पिता के घर गई तो अमरदास को अपने साथ ले गई।

जिस समय अमरदास जी खडूर पहुंचे, गुरु अंगद देव अपने शिष्यों को उपदेश दे रहे थे। अमरदास जी बड़ी तन्मयता से उनका प्रवचन सुनते रहे और फिर वह उनके चरणों में जा गिरे।

"मुझे अपना शिष्य बना लीजिए गुरुजी।" उन्होंने रुंधे गले से प्रार्थना की।

उनकी विह्वलता देखकर गुरु अंगद देव ने उन्हें अपना शिष्य बना लिया और उन्हें लंगर की देखभाल का काम सौंप दिया। उस समय अमरदास जी की उम्र 62 वर्ष की हो चुकी थी।

गुरु के आश्रम में रहकर भाई अमरदास जी केवल लंगर की देखभाल ही नहीं करते थे, बल्कि दीन–दुःखियों की सेवा भी करते थे। गुरु अंगद देव जी के उपदेश सुनने के लिए प्रतिदिन दूर–दूर से लोग आते रहते थे। उनकी सेवा और सहायता करने का भार अमरदास ने अपने सिर ले लिया था। इसके साथ ही, उन्होंने गुरु अंगद देव के स्नान की जिम्मेदारी भी ले ली थी। वह मुंह अंधेरे ही ब्यास नदी पर चले जाते थे और वहां से गागर में जल भरकर ले आते थे और गुरुजी को स्नान कराते थे।

एक रात जोरदार बारिश हो रही थी। रास्ते कीचड़ से भर गए थे। जिससे फिसलन हो गई थी। भाई अमरदास गागर में जल लेकर लौट रहे थे कि अचानक उनका पांव फिसल गया और वह एक जुलाहे की खड्डी के पास जा गिरे। लेकिन गिरते–गिरते भी उन्होंने जल से भरी गागर इस तरह संभाल ली कि उसमें से एक बूंद भी छलकने नहीं पाई।

उनके गिरने की आवाज सुनकर जुलाहे ने अपनी पत्नी से पूछा, "यह कैसी आवाज थी?"

"इतने अंधेरे अमरू के सिवा कौन हो सकता है। उसका न कोई ठौर है न ठिकाना। गुरु अंगद देवजी उसके सम्बन्धी हैं न, उन्हीं के टुकड़ों पर गुजारा कर रहा है।" जुलाहे की पत्नी ने उत्तर दिया।

भाई अमरदास खड्डी के पास खड़े उसकी बात सुनते रहे। फिर घड़ा उठाकर चले गए।

गुरु अंगद देव ने उनके लाए हुए जल से स्नान किया और दरबार में आ गए। उन्होंने भाई अमरदास को अपने पास बुलाकर पूछा–"क्या ब्यास नदी से जल लेकर आते समय आपके साथ कोई घटना हुई थी?"

"कोई विशेष बात नहीं हुई गुरुजी। रास्ते में कीचड़ थी, इसलिए मैं एक जुलाहे की खड्डी के पास रपट कर गिर गया था। उस जुलाहे की पत्नी ने अपने पति के पूछने पर मेरा नाम लेते हुए कहा कि इस संसार में मेरा कोई ठौर–ठिकाना नहीं है, मैं निराश्रित हूं।"

"नहीं, भाई अमरदास जी, आप निराश्रित नहीं हैं, आ· ...-

तूं निथानियां दा थांन
निमानियां दा मान
निगतियों दी गति
निपतियां दा पति
निधियों दी पीर
निआसयां दा आसरा
तूं सब दा स्वामी।"

गुरु अंगद देव ने गद्‌गद्‌ स्वर में कहा। वह भाई अमरदास की सेवा भावना से अभिभूत हो उठे थे। उन्होंने उसी समय निश्चय कर लिया कि वह अपने बाद भाई अमरदास को ही गुरु–गद्‌दी सौंपेंगे।

एक दिन गोंदा चरवाहा नामक एक व्यक्ति गुरु अंगद देवजी के पास पहुंचा। उसने बताया कि वह ब्यास नदी के किनारे अपने नाम से एक नगर बसाना चाहता है लेकिन लोग उस नगर में रहने के लिए तैयार ही नहीं हो रहे।

गुरु अंगद देव ने कारण पूछा तो उसने बताया—"लोगों की धारणा है कि उस स्थान पर भूत–प्रेत रहते हैं। उनके डर से ही लोग उस नगर में रहने के लिए तैयार नहीं हैं। अगर आप अपने किसी शिष्य को वहां भेंज दें तो उसे वहां रहते देख लोगों का भय दूर हो जायेगा। मैं आपके शिष्य के रहने के लिए एक मकान बनवा दूंगा और उसकी भरपूर सेवा करूंगा।"

"तुम चिन्ता मत करो। मैं अपने दोनों पुत्रों को तुम्हारी सहायता के लिए भेज देता हूं। उन्हें वहां रहते देख अन्य लोग भी रहने लगेंगे।"

गुरु अंगद देव ने अपने दोनों बेटे दासू और दातू को बुलाकर कहा कि वे दोनों गोंदा चरवाहा के साथ चले जायें।

लेकिन दासू और दातू उस स्थान पर रहने वाले भूत–प्रेतों के बारे में सुन चुके थे। उन्होंने पिता की आज्ञा की अवहेलना करते हुए कहा—"नहीं पिताजी, हम वहां नहीं जायेंगे। वहां भूत–प्रेत रहते हैं। हमें भूत–प्रेतों से बहुत डर लगता है। आपके पास सेवादारों की कमी नहीं है। किसी और को भेज दीजिए।"

अपने पुत्रों की कायरता देखकर गुरु अंगद देव मुस्कुरा पड़े। उन्होंने भाई अमरदास जी के नाम एक पत्र लिखकर गोंदा चरवाहा से कहा, "तुम बासरके चले जाओ। वहां मेरे एक शिष्य रहते हैं। उनका नाम भाई अमरदास है। वही गुरु गद्दी के वास्तविक अधिकारी हैं। मेरा यह पत्र उन्हें दे देना।"

गोंदा चरवाहा गुरु अंगद देवजी का पत्र लेकर बासरके चला गया। उसने गुरुजी का पत्र अमरदास जी को दिया तो वह उसी समय उसके साथ खडूर रवाना हो गए।

उन्होंने गुरु के चरणों की वन्दना करके पूछा, "मेरे लिए क्या आज्ञा है गुरुजी?"

"भाई अमरदास जी, आप गोंदा चरवाहा के साथ चले जाइए और इनकी सहायता कीजिए।" गुरु अंगद देव ने कहा और फिर एक छड़ी उन्हें देकर बोले, "इस छड़ी को ले जाओ, इसे देखते ही भूत-प्रेत वहां से भाग जायेंगे।"

"जो आज्ञा," भाई अमरदास जी ने कहा और छड़ी लेकर गोंदा चरवाहा के साथ चल दिये।

गोंदा चरवाहा ने ब्यास नदी के किनारे गोयंदवाल नगर बसाना शुरू कर दिया। देखते-ही-देखते जो लोग भूत-प्रेत के डर से वहां बसना नहीं चाहते थे, वहां आकर आबाद हो गए। थोड़े से दिनों में ही गोयंदवाल एक प्रसिद्ध नगर बन गया।

भाई अमरदास जी ने अपने परिवार को भी वहीं बुला लिया और दीन-दुःखियों की सेवा में अपना जीवन बिताने लगे।

गुरु अंगद देव जानते थे कि उनके दोनों बेटे भाई अमरदास से केवल ईर्ष्या ही नहीं करते, द्वेष भी करते हैं। इसलिए उन्होंने चैत्र सुदी प्रतिपदा संवत् 1609 को उन्हें गुरु गद्दी सौंप दी ताकि उनके देहावसान के बाद उनके बेटे झगड़ा न करें। साथ ही उन्हें यह आदेश दिया कि वह गोयंदवाल में ही रहकर सिक्ख मत का प्रचार-प्रसार करें। उस समय उनकी उम्र 73 वर्ष की थी।

पिता के इस निर्णय पर गुरु अंगद देव के दोनों पुत्रों को बड़ा गुस्सा आया। वह गुरु गद्दी पर अपना अधिकार समझते थे। एक दिन वे क्रोध में आकर गोयंदवाल चले गए।

जिस समय दासू और दातू गोयंदवाल पहुंचे, गुरु अमरदास अपनी गद्दी पर बैठे संगत को उपदेश दे रहे थे। दोनों भाइयों ने संगत की परवाह न करके उन्हें अपशब्द कहने शुरू कर दिए।

दातू ने गुरु अमरदास के सीने पर लात मारकर क्रुद्ध स्वर में कहा–"इस गद्दी का वास्तविक अधिकारी मैं हूं। गद्दी से उतर जाओ।"

गुरु अमरदास ने उन दोनों के अपशब्दों को अनसुना कर दातू का पैर पकड़ लिया और उसे दबाते हुए बोले, "मुझ बूढ़े की कठोर हड्डियों से आपके पांव में चोट आ गई होगी, लाइए दबा दूं।"

गुरु अमरदास की विनम्रता देखकर सारी संगत जय–जयकार कर उठी। दासू और दातू की शर्मिन्दगी की कोई सीमा नहीं रही। वे संगत से मुंह छिपाकर वहां से भाग खड़े हुए।

गुरु अमरदास जी को अपने इस अपमान पर तो रत्ती भर भी दुःख नहीं हुआ। क्रोध करना तो वह जानते ही नहीं थे। लेकिन अपने गुरु के पुत्रों की ईर्ष्या–भावना से वह दुःखी हो उठे। उनके कारण उनके गुरु–पुत्र ईर्ष्या और क्रोध की अग्नि में जलते रहें यह उन्हें सहन नहीं हो सका।

एक दिन बिना किसी से कहे–सुने उन्होंने गोयंदवाल छोड़ दिया और अपने गांव बासरके में आ गए। उन्होंने एक कमरे के बाहर दरवाजे पर लिख दिया—"कोई भी अन्दर न आये। अगर कोई दरवाजा खोल कर अन्दर आयेगा तो उसे गुरु की शपथ।" और फिर कमरे में जाकर अन्दर से दरवाजा बंद करके समाधि लगा ली।

जैसे ही गुरु अमरदास ने गोयंदवाल छोड़ा, गुरु अंगद देव के बड़े पुत्र दातू ने गुरु गद्दी पर अधिकार कर लिया और चारों ओर घोषणा करा दी कि गुरु अमरदास का गुरु–गद्दी से कोई सरोकार नहीं है। वही गुरु गद्दी का एकमात्र वास्तविक अधिकारी है। अब उसी को सिक्ख मत का गुरु माना जाए।

वह गुरु अमरदास की तरह सवेरा होते ही गद्दी पर आ बैठता लेकिन कोई सिक्ख उसका उपदेश सुनने न आता। काफी दिनों तक दातू सिक्खों के आने की प्रतीक्षा करता रहा, लेकिन जब कोई भी नहीं आया तो निराश होकर वह खडूर चला गया और अपनी दूकान पर बैठने लगा।

गुरु अमरदास जी के गोयंदवाल से चले जाने के कारण सिक्खों को बहुत दुःख हुआ। उन्होंने दातू को अपना गुरु मानने से साफ–साफ इनकार कर दिया। जब वह निराश होकर खडूर वापस चला गया तो सिक्खों ने निश्चय किया कि वे बासरके जायेंगे और गुरु अमरदास जी को मनाकर वापस ले आयेंगे।

और यह निश्चय करके कुछ सिख, जिनमें बाबा बुड्‌ढा भी थे, वासरके पहुंच गए। लेकिन जब वह उस कमरे के सामने पहुंचे, जिसमें गुरु अमरदास जी ने अपने आपको बंद कर लिया था, तो वे ठिठक कर रुक गए। उस कमरे के बाहर लिखा था—"जो कोई भी दरवाजा खोलकर अंदर आयेगा उसे गुरु की शपथ।"

"बिना दरवाजा खोले गुरुजी के पास कैसे पहुंचा जा सकता है?" कई सिक्ख चिन्तित स्वर में बोल उठे।

"तुम लोग चिन्ता मत करो। मैं कोई–न–कोई उपाय करता हूं।" बाबा बुड्‌ढा ने कहा–"गुरुजी ने केवल दरवाजा खोलने के लिए ही तो मना किया है।"

उन्होंने कमरे की एक दीवार में सेंध लगाई और कमरे में चले गए। बाबा बुड्‌ढा की इस तरकीब को कारगर देख सभी सिक्खों को बड़ी प्रसन्नता हुई। वे सब कमरे में गुरु अमर दास के पास पहुंच गए और उन्होंने गोयंदवाल की दुर्दशा और सिक्खों की परेशानी उन्हें बताई।

गुरु अमरदास जी उस कमरे से निकल आए और उन लोगों के साथ गोयन्दवाल की ओर चल दिए।

संवत् 1624 में मुगल शहंशाह अकबर लाहौर जा रहा था। रास्ते में ब्यास नदी आ गई। इसी नदी के किनारे गोयंदवाल नगर था, जहां गुरु अमरदास जी रह रहे थे।

अकबर ने अपने सेनापतियों से कहा, "हमने सुना है कि गोयंदवाल में एक हिन्दू सन्त रहते हैं, जिन्हें वे लोग ईश्वर का अवतार समझते हैं। हम चाहते हैं कि उनसे मिलें और इस बात में कहां तक सच्चाई है, यह जानने की कोशिश करें।"

"उनके बारे में हम लोगों ने भी बहुत कुछ सुना है। उनकी नजर में न तो कोई हिन्दू है न मुसलमान। वह सभी को एक समान समझते हैं। उनके आश्रम में लंगर होता है। और उस लंगर में लोग जाति–

पांति और हिन्दू–मुसलमान तथा छोटे–बड़े का भेद भाव–भूलकर एक ही कतार में बैठकर खाना खाते हैं। गुरु अमरदास जी भी उन लोगों के साथ बैठकर भोजन करते हैं।" एक सेना अधिकारी ने कहा।

शहंशाह अकबर ने सेना को ब्यास नदी के किनारे पड़ाव डालने का हुक्म दिया और गुरुजी के दर्शन करने नगर की ओर चल दिया।

वह वेश बदलकर संगत में एक ओर जा बैठा और गुरुजी का उपदेश सुनने लगा। लेकिन वहां बैठे लोगों ने शहंशाह अकबर को पहचान लिया। वे उसे बड़े सम्मान के साथ गुरुजी के पास ले गए।

अकबर ने दोनों हाथ जोड़कर गुरु अमरदास जी को प्रणाम किया और बोला, "मैंने आपके बारे में जैसा सुना था वैसा ही आपको पाया। मेरे योग्य कोई सेवा हो तो आज्ञा कीजिए।"

"शहंशाह, मैं तुम्हें आज्ञा नहीं दे रहा, अनुरोध कर रहा हूं। सच्चा सम्राट वही होता है, जो प्रजा के दिलों के ऊपर राज करता है। उन्हें एक समान समझता है। तुम भी बिना किसी भेदभाव के सच्चे मन से प्रजा की सेवा करो। सबसे प्रेम भरा व्यवहार करो। अपनी शक्ति का दुरुपयोग मत करो। तुम्हारा कल्याण होगा।"

गुरु अमरदास के शब्दों का अकबर पर गहरा प्रभाव पड़ा। उसने गुरुजी को वचन दिया कि वह उनके अनुरोध को आज्ञा मानकर उसका पालन करने की पूरी–पूरी कोशिश करेगा।

उसने अपने साथियों के साथ लंगर में भोजन किया और गुरु अमरदास जी के शब्दों को गांठ बांधकर चला आया।

गुरु अमरदास जी ने भी अन्य गुरुओं की तरह अपने देहावसान से पूर्व भादों सुदी 13 विक्रम संवत् 1631 को गुरु गद्दी भाई रामदास जी को सौंप दी। और भादों सुदी 15 संवत् 1631 को इस संसार से विदा हो गए। उस समय उनकी आयु 95 वर्ष 4 माह और एक दिन थी।

❑

गुरु रामदास जी

सिक्खें के चौथे गुरु रामदास जी का जन्म संवत् 1591 कार्तिक बदी द्वितीया को लाहौर में हुआ था। उनके पिता का नाम हरदास सोढ़ी और माता का नाम दयाकौर था।

हरदास सोढ़ी निर्धनता और अभावों के बीच किसी तरह अपने परिवार की गाड़ी खींच रहे थे कि जब रामदास जी, जिनका नाम माता–पिता ने जेठाजी रखा था सात वर्ष के थे, अचानक स्वर्ग सिधार गए। उनके देहान्त के कुछ दिनों बाद उनकी पत्नी भी जेठाजी को इस विशाल संसार में अकेला छोड़कर भगवान के घर चली गई।

सात वर्ष की आयु में ही जेठाजी अनाथ हो गए।

जेठाजी की ननिहाल बासरके में थी। उनकी नानी उन्हें बहुत प्यार करती थीं। वह जेठाजी को अपने साथ बासरके ले गईं।

लेकिन नानी भी निर्धन थीं। घर में कोई कमाने वाला नहीं था। इसलिए जेठाजी को उस छोटी–सी उम्र में ही परिवार का पेट पालने के लिए काम करना पड़ा। वह उबले हुए चने घूम–घूम कर गांव में बेचने लगा।

उन दिनों गुरु अमरदास जी बासरके में ही रह रहे थे। जेठाजी छोले बेचते हुए गुरु अमरदास के आश्रम के पास जा बैठते। छोले भी बेचते रहते और गुरुजी की अमृत वाणी भी सुनते रहते और छोलों को बेचने के बाद उन्हें जो समय मिलता, उसे संगत की सेवा में लगा देते।

जेठाजी निर्धन अवश्य थे लेकिन उनके पास सेवा भावना का विशाल भंडार था। बचपन से ही विनम्रता, सेवा, परोपकार और बड़ों की आज्ञा पालन करने की भावनाएं उनके मन में कूट–कूटकर भर गई थीं। आश्रम में सेवा करते हुए गुरु अमरदास जी की नजर उन पर पड़ गई। जेठाजी सुन्दर थे। उनका व्यक्तित्व आकर्षक था और उनके सद्‌गुणों ने उनको

और अधिक आकर्षक बना दिया था। इन्हीं गुणों के कारण गुरु अमरदास जी के मन में उनके प्रति अनुराग जाग उठा। जब भी कोई काम होता वह जेठाजी को बुलाते और जेठा "जो आज्ञा" कहकर उस काम में जुट जाते और उसे बड़ी तत्परता से पूरा कर डालते।

छोटी-सी उम्र में ही उनकी सेवा भावना ने गुरु अमरदास जी को इतना प्रभावित कर दिया था कि जब वह अपने गुरु अंगद देव जी का आदेश पाकर गोयंदवाल जाने लगे तो उन्होंने जेठाजी को भी अपने साथ ले लिया। गोयंदवाल आकर भी जेठाजी ने छोले बेचने का काम बन्द नहीं किया। उन्हें जो भी आमदनी होती अपनी निर्धन नानी के पास भेज देते थे।

गुरु अमरदास जी की पुत्री भानी विवाह के योग्य हो गई थी। गुरु अमरदास जी ने हजारों लड़कों में से जेठाजी को ही चुना और 22 फाल्गुन संवत् 1610 को अपनी पुत्री भानी और जेठाजी को विवाह सूत्र में बांध दिया।

जेठाजी की तरह बीबी भानी भी सेवा और परोपकार को सबसे अधिक महत्त्व देती थीं। न तो जेठाजी को इस बात का अभिमान था कि वह गुरु अमरदास जी के दामाद हैं और न बीबी भानी को इस बात का गुमान था कि वह गुरु अमरदास जी की पुत्री हैं। दोनों ही मिलकर आश्रम में सेवा करते थे। जूठे बर्तन मांजना, झाड़ू लगाना, लंगर तैयार करने में सहायता करना और इन कामों से भी बढ़कर गुरुजी के स्नान के लिए जल की व्यवस्था करना, उनके मैले कपड़े धोना और उनके पांव दबाना जेठाजी अपना परम कर्तव्य समझते थे।

जन-साधारण के लिए पीने और खेतों की सिंचाई की सुविधा के लिए गुरु अमरदास जी ने एक बावड़ी खुदवानी आरम्भ की। अन्य लोगों के साथ बीबी भानी और जेठाजी भी बावड़ी की खुदाई में अन्य लोगों का हाथ बटाने लगे।

एक दिन जेठाजी मिट्टी से भरी टोकरी उठाकर मिट्टी को एक स्थान पर फेंकने के लिए जा रहे थे कि तभी लाहौर के यात्रियों का एक दल उधर से गुजरा। जेठाजी के सिर पर मिट्टी भरी टोकरी देखकर लाहौर के परिचित यात्रियों ने कहा, "तुमने सोढी कुल में जन्म लिया है। तुम्हें यह काम करते हुए शर्म नहीं आती?"

जेठाजी ने बड़ी विनम्रता से उत्तर दिया, "मैं जो कुछ कर रहा हूं परोपकार के लिए कर रहा हूं। इसके अलावा गुरुजी की आज्ञा ईश्वर की आज्ञा के समान है।"

इस छोटी–सी घटना से अमरदास के हृदय में जेठाजी ने और भी गहरा स्थान बना लिया।

उन्हीं दिनों मुगल शहंशाह अकबर गुरु अमरदास जी के दरबार में आया। उसने गुरुजी के सामने इच्छा प्रगट की कि वह कुछ जागीर उनके नाम कर देना चाहता है ताकि लंगर का काम सुचारु रूप से चलता रहे। लेकिन गुरुजी ने साफ इनकार कर दिया, वह लंगर की व्यवस्था सार्वजनिक ही रखना चाहते थे।

तब शहंशाह अकबर ने एक छोटी–सी जागीर उनकी पुत्री भानी के नाम यह कहकर कर दी कि जिस तरह यह आपकी बेटी है, मेरी भी बेटी है। और मैं अपनी बेटी को जो कुछ दे रहा हूं, उससे आप इनकार नहीं कर सकते।

अकबर के इन शब्दों ने गुरु अमरदास जी को मौन रहने पर विवश कर दिया था।

जब बावड़ी बनकर तैयार हो गई तो गुरु अमरदास जी ने जेठाजी से कहा कि वह उस जागीर के किसी गांव में जाकर रहें और जागीर की देख भाल करें। लेकिन जेठाजी ने साफ इनकार कर दिया। वह गुरु अमरदास जी को छोड़कर कहीं जाना नहीं चाहते थे।

अन्त में गुरु अमरदास जी ने बाबा बुड्ढा से कहा कि वह जाकर जागीर की देखभाल करें। उनका आदेश पाकर बाबा बुड्ढ़ा वहां चले गए।

कई वर्ष से वर्षा नहीं हुई थी। मनुष्यों के लिए अन्न और पशुओं के लिए चारे की बेहद कमी हो गई थी। और ऐसा पिछले कई वर्षों से होता चला आ रहा था। एक बावड़ी बन जाने पर भी यह समस्या हल नहीं हो पाई थी। इसलिए गुरुजी ने जेठाजी से कहा, "जेठाजी, किसी ऐसे स्थान पर एक नगर बसाओ, जो धरती की सतह से कुछ नीचा हो। यानी जहां पानी ठहर सके। उस नगर में एक विशाल सरोवर खुदवाओ, जो नगर निवासियों को पानी की आवश्यकता पूरी कर सके। उस नगर के चारों ओर वृक्ष लगाए जा सकें। पशुओं के लिए जहां चारा उगाया जा सके।"

"जैसी आपकी आज्ञा ?" जेठाजी ने कहा और ऐसे स्थान की खोज में चल दिए।

मुगल सम्राट अकबर ने बीबी भानी को जो जागीर दी, उसी जागीर में जेठाजी ने एक नगर की स्थापना की। नगर के बीचोबीच एक बहुत बड़ा सरोवर बनवाया। उन्होंने इस नगर का नाम गुरु का चक्र रखा, लेकिन जब जेठाजी गुरु रामदास के नाम से गद्दी पर बैठे तो इस नगर का नाम चक्र रामदास हो गया। कालान्तर में यही नगर रामदास पुर के नाम से पुकारा जाने लगा। दूर–दूर के व्यापारियों ने इस नगर में बसकर अपना करोबार करना आरम्भ कर दिया।

बाद में गुरु अर्जनु देव ने इस सरोवर के बीचोबीच ही मन्दिर की स्थापना की और सरोवर का नाम अमृत सरोवर रख दिया। बाद में यह सरोवर अमृतसर कहलाने लगा और रामदास पुर को भी लोग अमृतसर कहकर पुकारने लगे। गुरु अर्जुन देव ने इस नगर को सिखों का मुख्य केन्द्र बनाकर हरमन्दिर में अकाल तख्त की स्थापना की। उसी समय से अमृतसर नगर सिक्ख धर्म का प्रमुख केन्द्र माना जाता रहा है।

जब जेठाजी ने इस नगर की स्थापना कर दी और एक विशाल सरोवर बनवा लिया तो वह वापस गुरु अमरदास जी के पास चले गए। वास्तव में गुरु अमरदास जी को इस बात का भान हो गया था कि उनका अन्तिम समय निकट आ गया है। इसलिए उन्होंने जेठाजी को वहां से बुलवा लिया था।

गुरु अमरदास जी की एक पुत्री और भी थी जिसका नाम बीबी दानी था। उनका विवाह गुरु अमरदास जी के एक शिष्य भाई रामे के साथ हुआ था। लेकिन भाई जेठाजी और भाई रामे में बहुत अन्तर था। भाई रामे को इस बात का अभिमान था कि वह गुरुजी के दामाद हैं। उनमें सेवा की भावना भी नहीं थी। जब भी गुरु अमरदास जी अपने दोनों दामादों को कोई आदेश देते तो भाई रामे उनके आदेश की अवहेलना कर देते थे। जबकि भाई जेठाजी गुरु की आज्ञा का पालन करना अपना परम धर्म मानते थे।

गुरु अमरदास ने अपने दोनों पुत्रों और दोनों दामादों को अच्छी तरह परख लिया था। उनमें केवल जेठाजी ही हर प्रकार से गुरु गद्दी के योग्य थे। उन्होंने जेठाजी को अपने पास बुलाकर कहा, "मैंने तुम्हें

अच्छी तरह परख लिया है। मेरे पुत्रों में, दामादों में और मेरे शिष्यों में केवल तुम ही इस योग्य हो कि मैं यह महत्त्वपूर्ण दायित्व तुम्हें सौंप सकूं।''

''आज्ञा कीजिए गुरुजी।'' जेठाजी ने हमेशा की तरह हाथ जोड़ कर बड़ी विनम्रता से कहा।

''मैंने निश्चय कर लिया है कि तुम्हें गुरु गद्दी सौंप दूं। क्योंकि तुम ही गुरु नानकदेव जी और गुरु अंगद देव जी के इस पवित्र और कल्याणकारी मिशन को चला सकते हो।''

''आपकी आज्ञा का पालन करना मेरा धर्म है लेकिन मैं इस योग्य नहीं हूं कि इतनी बड़ी जिम्मेदारी संभाल सकूं।''

''नहीं जेठाजी, इस पद को संभालने की सभी योग्यताएं तुममें हैं। तुम्हारे हृदय में भक्ति, त्याग और निःस्वार्थ सेवा की भावनाएं हैं। जो सभी में नहीं होतीं। हजारों–लाखों में कोई तुम जैसा परोपकारी निकलता है। मैंने जो निर्णय किया है उचित ही किया है। तुम इनकार मत करो।''

गुरु की आज्ञा के आगे जेठाजी ने सिर झुका लिया।

गुरु अमरदास जी ने भाद्रपद सुदी 18, संवत् 1631 को जेठाजी को गुरु रामदास के नाम से गुरु गद्दी पर बैठाकर तिलक कर दिया। उसी दिन से जेठाजी गुरु रामदास के नाम से विख्यात हो गए।

कुछ दिनों गोयंदवाल में रहने के बाद गुरु रामदास जी गुरुचक्र आ गए और वहीं उन्होंने अपना स्थायी निवास बना लिया।

वह पूरे सात वर्ष भी गुरु गद्दी को सुशोभित नहीं कर पाए। केवल 46-47 वर्ष की आयु में ही उन्होंने इस नश्वर शरीर को त्याग दिया। वह दिन विक्रम संवत् 1638 के भाद्रपद की तीज थी। उन्होंने अपने स्वर्गारोहण से कुछ दिन पहले यानी भाद्रपद सुदी द्वितीया को अपने तीसरे पुत्र अर्जुनदेव को गुरु गद्दी सौंपी थी।

❑

गुरु अर्जुनदेव

गुरु रामदास जी की पत्नी बीबी भानी ने तीन पुत्रों को जन्म दिया था। सबसे बड़े पुत्र का नाम पृथ्वी चन्द्र था। जिनका जन्म संवत् 1614 में हुआ था। उनके बाद संवत् 1617 में महादेव पैदा हुए थे और संवत् 1620 में तीसरे पुत्र अर्जुनदेव ने जन्म लिया था। यही अर्जुनदेव गुरु रामदास के बाद सिक्खों के पांचवें गुरु हुए।

उन दिनों गुरु अमरदास गोयंदवाल में रहते थे। गुरु रामदास को उस समय लोग जेठाजी के नाम से ही जानते थे। अर्जुनदेव बचपन से ही अपने दोनों बड़े भाइयों की अपेक्षा कहीं अधिक योग्य थे। उनमें अपने नाना और पिता के गुण कूट–कूट कर भरे हुए थे। छोटी–सी उम्र से ही वह धार्मिक कार्यों और संगत की सेवा में रुचि लेने लगे थे। निःस्वार्थ सेवा, त्याग और विनम्रता उनके सबसे बड़े गुण थे। और इन्हीं गुणों के कारण माता–पिता ही नहीं, अन्य लोग भी उन्हें बेहद प्यार करते थे।

अर्जुनदेव जी का दूसरा विवाह 23 आषाढ़ संवत् 1639 में जालन्धर ज़िले के मऊ गांव में कृष्ण चन्द्र की पुत्री गंगादेवी के साथ हुआ था। जिनकी कोख से संवत् 1651 में 21 आषाढ़ को हरगोविन्द जी ने जन्म लिया था जो सिक्खों के छठे गुरु थे। पहली पत्नी बिना किसी सन्तान को जन्म दिए स्वर्ग सिधार गई थीं।

गुरु रामदास ने अपने पुत्र अर्जुनदेव के सद्गुणों को देखकर यह निश्चय कर लिया था कि वह उन्हीं को गुरु गद्दी सौंपेंगे। इसलिए उन्होंने उनकी परीक्षा लेने का निर्णय कर लिया।

गुरु रामदास जी के खानदान के लोग लाहौर में रहते थे। एक बार उनके रिश्ते के एक भाई का संदेशा आया कि उनके पुत्र का विवाह

है। वह इस अवसर पर अवश्य पधारें।

गुरु रामदास ने अर्जुनदेव को बुलाकर कहा, "बेटा, लाहौर से तुम्हारे ताया जी का निमन्त्रण आया है। उनके बेटे की शादी है। मै तो यहां बहुत व्यस्त हूं, शादी में जा नहीं सकता। तुम चले जाओ।"

"जो आज्ञा पिताजी।"

"और सुनो बेटे, जब तक मैं तुम्हें वहां से न बुलाऊं, तुम वहीं रहना।"

"जैसी आपकी आज्ञा," अर्जुनदेव ने बड़ी विनम्रता से कहा और लाहौर जाने की तैयारी करने लगे।

वह लाहौर पहुंच गए। विवाह सम्पन्न हो गया लेकिन पिता का बुलावा नहीं आया। उनकी याद आती लेकिन आज्ञा मिले बिना वह पिता के पास जा नहीं सकते थे।

उन्होंने लाहौर में रहने वाले सिक्खों को इकट्ठा करना शुरू कर दिया। वे लोग नियमित रूप से अर्जुनदेव से गुरु वाणी और गुरु आदेश सुनने लगे।

उन्होंने पिता को एक–एक कर तीन पत्र भेजे। लेकिन उसके बड़े भाई पृथ्वी चन्द्र ने उन पत्रों को पास रख लिया। पिता तक पहुंचने ही नहीं दिया। अन्त में उन्होंने चौथा पत्र एक विश्वस्त व्यक्ति को देकर कहा कि वह इस पत्र को केवल गुरुजी के हाथ में ही दें।

इस पत्र को पाते ही गुरु रामदास जी ने भाई बुड्ढा को आदेश दिया कि वह लाहौर जाकर अर्जुनदेव को अपने साथ ले आए।

भाई बुड्ढा लाहौर गए और अर्जुनदेव को ले आए।

गुरु रामदास जी का बड़ा पुत्र पृथ्वी चन्द्र चाहता था कि गुरु गद्दी उसे मिलनी चाहिए। लेकिन पिता का झुकाव अर्जुनदेव की ओर देखकर उसके मन में अपने छोटे भाई के प्रति ईर्ष्या और द्वेष की आग भड़क उठी। यह ईर्ष्या और द्वेष की आग उस समय और भी अधिक तेजी से भड़क उठी, जब गुरु रामदास ने भाद्रपद सुदी प्रतिपदा संवत् 1638 को विधिवत् अर्जुनदेव को गुरु गद्दी सौंप दी। उन्हें सिक्खों का पांचवां गुरु घोषित कर दिया।

अर्जुनदेव को गुरु गद्दी सौंपने के बाद उसी रात गुरु रामदास अपनी पत्नी और कुछ सेवकों के साथ अमृतसर छोड़कर गोयंदवाल

चले गए। वह जिस दिन गोयंदवाल पहुंचे, उसी दिन उन्होंने इस संसार से विदा ले ली।

ईर्ष्या और द्वेष की आग में जलता हुआ पृथ्वीचन्द्र दिल्ली पहुंच गया। उस समय दिल्ली में मुग़ल सम्राट जहांगीर का राज्य था। सम्राट अकबर का इकलौता पुत्र होने के कारण सलीम को बेहद प्यार करते थे। उसके विद्रोह को भूलकर उन्होंने मरते समय सलीम को अपना तख्त सौंप दिया था। लेकिन उसके बेटे खुसरो ने उसके खिलाफ बगावत कर दी। युद्ध में पराजित होकर खुसरो जब लहौर जा रहा था, रास्ते में वह अमृतसर में गुरु अर्जुनदेव से मिला।

गुरु अर्जुनदेव से शहजादा खुसरो ने सहायता मांगी, तो उन्होंने स्पष्ट शब्दों में सहायता देने से इनकार करते हुए कहा कि वह राजकीय मामलों में कोई हस्तक्षेप नहीं करेंगे।

शाहज़ादा खुसरो अपनी बची–खुची पराजित सेना के साथ लाहौर की ओर चला गया।

गुरु अर्जुनदेव ने पिछले सभी गुरुओं और भारतीय सन्तों की वाणी का पुस्तकाकार संग्रह कराया। और उस संकलित ग्रन्थ का नाम रखा 'पोथी साहब'।

जहांगीर का दीवान चंदूशाह गुरुजी से बहुत नाराज था, क्योंकि गुरुजी ने उसकी बेटी का विवाह अपने बेटे से करने से इनकार कर दिया था। वह इस अपमान का बदला लेने का मौका ढूंढ़ता रहता था। जब उसे शाहज़ादा खुसरो के अमृतसर जाने का पता चला तो उसने जहांगीर से कहा कि सिक्खों के गुरु अर्जुनदेव बागी हैं क्योंकि उन्होंने बागी शाहज़ादा खुसरो को शरण और सहायता दी थी।

उन दिनों जहांगीर लाहौर में था। उसने उसी समय गुरु अर्जुन देव को दरबार में हाजिर होने का हुक्मनामा जारी कर दिया।

जब शाही सैनिक अमृतसर पहुंचे तो गुरुजी समझ गए कि जहांगीर उन्हें जिन्दा नहीं छोड़ेगा। उन्होंने अपने ग्यारह वर्षीय पुत्र हरगोविन्द को गुरु गद्दी सौंप दी और कहा, ''बेटा, सिक्खों में जो नई चेतना जागृत हुई है, बादशाह जहांगीर उसे देखकर भयभीत हो उठा है। शायद हम लाहौर से लौट नहीं पायेंगे। हमारे बाद तुम सिक्खों को शक्तिशाली बनाने और उन्हें संगठित करने में अपनी पूरी शक्ति लगा देना। जो

लोग संगठित और शक्तिशाली होते हैं उनसे बड़ी–से–बड़ी ताकत टकराने की हिम्मत नहीं कर पाती।''

गुरु अर्जुनदेव अपने कुछ वफादार साथियों के साथ लाहौर की ओर रवाना हो गए।

चन्दूशाह जैसे चुग़लखोरों ने जहांगीर के कान भर दिए थे। वह गुरु अर्जुनदेव के बढ़ते हुए प्रभाव से भयभीत हो उठा था।

गुरु अर्जुनदेव पर भरे दरबार में आरोप लगाया गया कि उन्होंने बागी शाहज़ादा खुसरो की सहायता की थी।

अपनी सफाई पेश करते हुए गुरु अर्जुनदेव ने स्पष्ट शब्दों में शाहज़ादा खुसरो की सहायता से इनकार करने के बाद कहा, ''शहंशाह, वह गुरु का दरबार है। उसके दरवाजे हर एक के लिए हर समय खुले रहते हैं। बिना किसी जाति–पांति और धर्म के भेदभाव के कोई भी किसी भी समय आ सकता है। शाहज़ादा खुसरो भी दरबार में आने वाले अन्य लोगों के समान ही आए थे। उन्हें दरबार में आने से रोकना गुरु परम्परा के विरुद्ध था।''

लेकिन जहांगीर ने उनकी कोई दलील नहीं सुनी और उन्हें प्राण दंड का आदेश दे दिया।

ज्येष्ठ सुदी चौथ संवत् 1663 को गुरु अर्जुनदेव को रावी के किनारे ले जाया गया। उन्हें एक जलती हुई भट्टी के ऊपर रखी लोहे की तपती हुई चादर पर बैठाकर उनके ऊपर जलती हुई नदी की बालू डाली गई।

गुरु अर्जुनदेव शान्त भाव से उस गर्म लोहे की चादर पर बैठे–बैठे ही शहीद हो गए।

सिक्ख सम्प्रदाय के इतिहास में वह पहले शहीद थे।

❑

गुरु हरगोविन्द जी

जिस समय पृथ्वीचंद्र और चन्दूशाह के भड़काने पर लाहौर का मुग़ल सेनापति सुलही खां सेना लेकर गुरु अर्जुनदेव को समाप्त कर देने के इरादे से अमृतसर की ओर बढ़ने लगा तो गुरु अर्जुनदेव ने व्यर्थ रक्तपात से सिक्खों को बचाने के लिए अमृतसर छोड़ दिया। वह बडाली गांव में चले गए। वहीं माता गंगादेवी ने एक पुत्र को जन्म दिया। जिनका नाम हरगोविन्द रखा गया।

उनका जन्म आषाढ़ बदी संवत् 1652 को हुआ था।

बालक हरगोविन्द को ईश्वर भक्ति, सेवा, त्याग, सहिष्णुता और विनयशीलता के गुण अपने माता–पिता से विरासत में मिले थे।

श्री हरगोविन्द अपने माता–पिता के एक मात्र पुत्र थे। इसलिए जहां उन्हें प्यार और ममता अथाह मिली, वहीं उन्हें भरपूर शिक्षा और ज्ञान भी मिला। अपने माता–पिता के प्रति उनमें असीम श्रद्धा और निष्ठा थी।

श्री हरगोविन्द जी ईश्वर की निरन्तर आराधना और बाबा बुड्ढा के वरदान से उत्पन्न हुए थे। बाबा बुड्ढा साधारण व्यक्ति नहीं थे वह गुरु नानक के परमप्रिय शिष्य थे। गुरु नानकदेव और परमात्मा में उनकी अडिग भक्ति थी। उन्होंने सिक्खों के चार गुरुओं की अनन्य भाव से सेवा की थी। सिक्ख सम्प्रदाय के इतिहास में उनका विशिष्ट स्थान है।

गुरु अर्जुनदेव जी को मुग़ल शहंशाह जहांगीर ने जिस बर्बरतापूर्ण ढंग से मृत्युदंड दिया था, उसने सिक्खों के दिलों में मुग़ल शहंशाह के प्रति घृणा और द्वेष की आग धधका दी। पूरा सिक्ख समुदाय और उनसे सहानुभूति रखने वाले लोगों के दिलों में मुग़ल साम्राज्य और उसके अधिकारियों के प्रति विद्रोह और द्वेष की भावना जाग उठी। गुरु अर्जुन देव ने जिस शान्ति से अपने आपको शहीद किया था, उसस सिक्खों

में एक नया आत्म–विश्वास और एक नई शक्ति पैदा हो गई। अपने सिक्ख धर्म के लिए वे शहीद हो जाने के लिए तैयार हो गए।

गुरु हरगोविन्द की उम्र तो केवल ग्यारह वर्ष की ही थी। लेकिन पिता की शहादता, मुग़ल सम्राट के अन्याय–अत्याचार और सिक्खों के दिलों में धधकती प्रतिशोध की ज्वाला ने उन्हें छोटी–सी उम्र में ही प्रौढ़ता प्रदान कर दी थी।

गुरु अर्जुनदेव लाहौर जाते समय हरगोविन्द को गुरु–गद्दी सौंप तो गए थे लेकिन उनका विधिवत तिलक नहीं हुआ था। गुरु अंगद देव ने तिलक करने का अधिकार बाबा बुड्ढा को सौंपा था। उन्होंने ही गुरु रामदास और गुरु अर्जुनदेव के माथे पर तिलक लगाकर विधिवत गुरु बनाया था।

इसलिए जब बाबा बुड्ढा गुरु हरगोविन्द साहिब को विधिवत गुरु गद्दी पर बैठाने लगे तो गुरु हरगोविन्द ने कहा, ''बाबाजी क्या आप पिताजी की शहादत भूल गए, आज हमें शास्त्रों के ज्ञान के साथ–साथ शस्त्र ज्ञान की भी आवश्यकता है। वह दिन दूर नहीं है जब हमें मुग़लों के अन्याय और अत्याचार के विरुद्ध तलवार उठानी पड़ेगी। आप मुझे तलवार पहनाइए।''

गुरु हरगोविन्द जी की इस बात को सुनकर सारी संगत जय–जयकार कर उठी। बाबा बुड्ढा ने भावावेश में आकर जब गुरु हरगोविन्द को तलवार पहनाई तो बायीं ओर के बजाय दायीं ओर पहना दी। जब बाबा बुड्ढा अपनी भूल सुधारने लगे तो गुरुजी ने कहा, ''बाबाजी, अब इसे यों ही रहने दीजिए। मुझे एक और तलवार पहना दीजिए। वह तलवार पीरी की तलवार होगी।''

बस उसी दिन से गुरु हरगोविन्द दो तलवारें धारण करने लगे थे। जिनमें से एक तलवार मीरी की और दूसरी तलवार पीरी की कहलाती थी।

गुरु गद्दी पर बैठते ही गुरु हरगोविन्द जी ने सारे सिक्ख संगतों को हुक्मनामा जारी किया कि जब भी कोई सिक्ख अमृतसर आये, अच्छे–अच्छे हथियार लेकर आया करे।

गुरु अंगद देव जी ने सिक्खों में अखाड़े की परम्परा पहले ही स्थापित कर दी। गुरु हरगोविन्द के आदेश से अब उन अखाड़ों में मल्ल विद्या के साथ–साथ शस्त्र विद्या भी सिखाई जाने लगी।

उन दिनों आमतौर पर लोग घोड़ों पर ही यात्रा किया करते थे। लोगों ने शस्त्रों के साथ–साथ घोड़े भी गुरुजी को भेंट करने आरम्भ कर दिए। और इस प्रकार कुछ महीनों में ही पांच हजार घुड़सवार सिक्खों की एक शक्तिशाली सेना तैयार हो गई।

गुरु हरगोविन्द जी के तीन विवाह हुए थे।

पहला विवाह डल्ला निवासी भाई नारायण दास की सुपुत्री दामोदरी के साथ हुआ था। जिन्होंने बाबा गुरदित्ता, अणी राय और बीबी वीरां को जन्म दिया था।

दूसरा विवाह बकाले के भाई हरीचन्द्र की बेटी नानकी के साथ हुआ था। जिसके गर्भ से बाबा अटल और गुरु तेग बहादुर पैदा हुए थे।

तीसरा विवाह भंडियाली निवासी भाई दयाराम की सुपुत्री महादेवी के साथ हुआ था जिन्होंने सूर्यमल्ल को जन्म दिया था।

गुरु हरगोविन्द जी की छठी सन्तान का नाम था तेग बहादुर। जिनका जन्म वैशाख 5 संवत् 1678 को माता नानकी के गर्भ से हुआ था। यही सिक्खों के नौवें गुरु हुए थे।

गुरु हरगोविन्द द्वारा सिक्खों को एक शक्तिशाली और जुझारू कौम के रूप में संगठित करते देख जहांगीर के दीवान चन्दूशाह के सीने में धधकती प्रतिशोध की ज्वाला जो अर्जुनदेव का खून पीने के बाद भी बुझी नहीं थी और भी तेजी से भड़क उठी। गुरु अर्जुनदेव के बड़े भाई पृथ्वी चंद्र के बेटे मेहरबान ने इस आग को भड़काने में अपना पूरा–पूरा योगदान दिया।

दीवान चन्दूशाह ने मुग़ल शहंशाह जहांगीर से शिकायत की कि सिक्खों के गुरु हरगोविन्द ने एक शक्तिशाली सेना संगठित कर ली है। हथियारों का भंडार जमा कर लिया है। अब वह फकीरों जैसे कपड़े नहीं पहनते, राजसी वस्त्र धारण करते हैं। दो–दो तलवारें बांधते हैं। वह अपने पिता गुरु अर्जुनदेव की मृत्यु का बदला लेना चाहते हैं।

परम्परागत गद्दी के स्थान पर उन्होंने एक तख्त का निर्माण कराया है। जिस पर बैठकर वह सिक्खों को धार्मिक उपदेश देने के बजाए शक्तिशाली होने की प्रेरणा देते हैं। शायद वह अपने अनुयायियों की सहायता से स्वतन्त्र राज्य स्थापित करना चाहता है, उसके अनुयायी उसे सच्चा बादशाह कहने लगे हैं।

इन शिकायतों को सुन–सुनकर जहांगीर का आशंकित हो उठना स्वाभाविक था। गुरु हरगोविन्द की सैनिक तैयारियों को देखकर उसे विश्वास हो गया कि गुरु हरगोविन्द अपने पिता की मृत्यु का बदला लेना चाहते हैं।

जहांगीर ने उसी समय अपने दो अधिकारियों वजीर खां और बेग को आदेश दिया कि वह अमृतसर जाकर गुरु हरगोविन्द को दिल्ली ले आयें और अगर वह राजी से दिल्ली आने को तैयार न हों तो उन्हें गिरफ्तार करके लाया जाए।

वजीर खां गुरु अर्जुनदेव का शिष्य था। वह इस आदेश को पाकर धर्म संकट में पड़ गया। न तो वह अपने गुरु के पुत्र को गिरफ्तार कर सकता था और न शाही हुक्म की अवहेलना कर सकता था।

उसने अमृतसर पहुंचकर गुरु हरगोविन्द को प्रणाम किया और बड़ी विनम्रता से बोला, "शहंशाह जहांगीर ने आपको दिल्ली बुलवाया है। आप मेरे साथ दिल्ली चलिए।"

गुरु हरगोविन्द वजीर खां के धर्म संकट को समझ गए थे। उन्होंने उसकी प्रार्थना स्वीकार कर ली और माघ 2 संवत् 1669 को अनेक सिक्खों के साथ दिल्ली की ओर चल पड़े।

दिल्ली पहुंचकर उन्होंने दिल्ली से बाहर, 'मजनू का टीला' स्थान पर अपना पड़ाव डाला।

दूसरे दिन गुरु हरगोविन्द बादशाह जहांगीर के बुलाने पर दरबार में पहुंचे। वे बिलकुल निर्भय थे। उन्होंने बड़ी दृढ़ता से अपने ऊपर लगाए गये आरोपों का खंडन किया। उनकी बातों से जहांगीर बहुत प्रभावित हुआ। उसने गुरु हरगोविन्द पर लगाए आरोपों को वापस ले लिया। वह जान गया था कि ये आरोप निराधार हैं।

लेकिन चन्दूशाह ने फिर जहांगीर के कान भरने शुरू कर दिए। बादशाह जहांगीर को यह विश्वास दिला दिया कि गुरु हरगोविन्द की सैनिक तैयारियां मुग़ल सल्तनत के विरुद्ध खुला विद्रोह है।

इस बात से जहांगीर चिन्तित हो उठा और उसने गुरु हरगोविन्द को गिरफ्तार कर ग्वालियर के किले में कैद कर दिया।

परिस्थितियों को देखते हुए गुरु हरगोविन्द ने अपने साथ आए हुए सिक्खों को अमृतसर वापस भेज दिया और उनसे कहा कि वे बिलकुल

शान्त रहें।

ग्वालियर के किले में और भी कई राजनीतिक कैदी थे। ये कैदी वे थे, जिन्होंने शाहजादा खुसरो की सहायता की थी या किसी अन्य कारण से जहांगीर के कोप भाजन बने थे। ग्वालियर के किले के इस कैदखाने के बारे में प्रसिद्ध था कि जो भी व्यक्ति एक बार इस कैदखाने में आ जाता है उसकी लाश ही यहां से बाहर जाती है।

दिल्ली से लौटे सिक्खों ने अमृतसर पहुंचकर जब गुरुजी की गिरफ्तारी की सूचना दी तो गुरुजी के परिवार के लोग ही नहीं, उनके सभी अनुयायी चिन्तित हो उठे। वे लोग ग्वालियर के किले की कुख्याति से भली–भांति परिचित थे।

उन दिनों लाहौर के सूफी सन्त मियां मीर का बहुत प्रभाव था। आम जनता ही नहीं स्वयं शहंशाह जहांगीर भी उनका बहुत सम्मान करता था। वह कहा करता था कि साईं मियां मीर खुदा के बन्दे हैं। इनुसान की शक्ल में फरिश्ता हैं। वह पाक दिल और सच्चे इनसान हैं।

सभी लोगों ने माता गंगादेवी से आग्रह किया कि गुरुजी की रिहाई के लिए साईं मियां मीर से प्रार्थना की जाए। माता गंगादेवी ने बाबा बुड्ढा को बुलाकर कहा कि वह साईं मियां मीर के पास जायें। वह हमारी सहायता अवश्य करेंगे।

साईं मियां मीर का सिक्खों में भी बड़ा आदर था। गुरु अर्जुन देव के साथ उनके घनिष्ठ सम्बन्ध थे। वह भी मियां मीर को बहुत चाहते थे ओर उनका आदर करते थे। उन्होंने हरमन्दिर की नींव साईं मियां मीर के हाथों से ही रखवाई थी।

साईं मियां मीर दीवान चन्दूशाह की हरकतों को अच्छी तरह जानते थे। बाबा बुड्ढा ने जब उन्हें गुरु हरगोविन्द के ग्वालियर के किले में कैद कर दिए जाने के बारे में बताया तो वह समझ गए कि जिस तरह चन्दूशाह ने बादशाह को उत्तेजित करके गुरु अर्जुनदेव की हत्या करा डाली थी उसी प्रकार वह उनके बेटे गुरु हरगोविन्द को भी समाप्त कर देना चाहता है।

बाबा बुड्ढा को आश्वासन देकर साईं मियां मीर उसी दिन दिल्ली की ओर चल पड़े।

दिल्ली पहुंचकर उन्होंने जहांगीर को सारी बातें बताईं। दीवान चन्दूशाह की शत्रुता का कारण और उसकी हरकतें बताईं। उन्होंने जहांगीर को समझाया कि सिक्खों को संगठित करने और उन्हें शस्त्र विद्या सिखाने के पीछे राज द्रोह की भावना नहीं है। गुरु हरगोविन्द अपने अनुयायियों को भक्ति और शक्ति दोनों का पाठ पढ़ा रहे हैं। उसने निर्दोष गुरु हरगोविन्द को कैद करके अच्छा नहीं किया। और 15-16 वर्ष के लड़के से एक मुग़ल शहंशाह डर जाए, इससे बड़ी शर्म की बात और क्या हो सकती है।

जहांगीर किसी भी दशा में साईं मियां मीर की बात टाल नहीं सकता था। उसने उसी समय गुरु हरगोविन्द की रिहाई का हुक्मनामा जारी कर दिया।

गुरु हरगोविन्द को जब अपनी रिहाई की सूचना मिली तो उन्होंने कहा कि जब तक मेरे साथ इस कैद खाने के सभी कैदी रिहा नहीं किए जायेंगे मैं यहां से नहीं जाऊंगा।

उनकी हठ देखकर बादशाह जहांगीर ने उन कैदियों की रिहाई का भी आदेश दे दिया। ग्वालियर के जिस कैदखाने में गुरु हरगोविन्द को कैद रखा गया था अब वहां एक भव्य गुरुद्वारा है। जो कैदी उनके साथ रिहा हुए थे उन्होंने गुरु गोविन्द को 'बन्दी छोड़ पीर' के नाम से सम्मानित किया था। उस गुरुद्वारे में एक चबूतरे पर आज भी बन्दी छोड़ पीर का नाम अंकित है।

जहांगीर ने गुरु हरगोविन्द की रिहाई का हुक्मनामा वजीर खां को देते हुए कहा था कि वह गुरु हरगोविन्द को अपने साथ दिल्ली ले आए। उसने मियां मीर की बात मानकर उन्हें रिहा तो कर दिया था लेकिन वह वास्तव में उनसे और सिक्खों की बढ़ती हुई सैनिक तैयारियों से भयभीत था। उसे डर था कि कहीं गुरु हरगोविन्द के अमृतसर पहुंचते ही उनके अनुयायी उससे बदला लेने के लिए विद्रोह न कर दें। इसलिए उसने निश्चय कर लिया कि वह गुरु हरगोविन्द को अपनी नजरों के सामने ही रखेगा।

जब गुरु हरगोविन्द दिल्ली पहुंचे तो उसने उनके साथ बहुत ही मित्रतापूर्ण व्यवहार किया। वह घंटों गुरुजी को अपने साथ रखता था। जब दिल्ली से बाहर जाता था तब भी उन्हें अपने साथ ले जाता था।

जब दिल्ली में रहते–रहते गुरु हरगोविन्द को काफी दिन हो गए तो उन्होंने जहांगीर से कहा कि वह अमृतसर जाना चाहते हैं। जहांगीर ने कहा कि वह कश्मीर जा रहा है। गुरुजी भी उसके साथ कश्मीर चलें। वहां से लौटकर वह अमृतसर चले जायें।

गुरु हरगोविन्द जहांगीर की चालों से अच्छी तरह परिचित हो गए थे। उन्होंने मन–ही–मन कुछ निश्चय किया और जहांगीर के साथ चल पड़े।

लेकिन जब वह जहांगीर के साथ गोयंदवाल पहुंचे तो उन्होंने जहांगीर से स्पष्ट शब्दों में कह दिया कि वह अमृतसर जाना चाहते हैं।

गुरु हरगोविन्द की बात सुनकर जहांगीर ने अपना कार्यक्रम तत्काल बदल दिया। बोला, "चलिए, मैं भी आपके साथ अमृतसर चलता हूं। हरमन्दिर के दर्शन करने के बाद ही लाहौर जाऊंगा।"

गुरु हरगोविन्द का मन्तव्य पूरा हो चुका था। भले ही जहांगीर उनके साथ अमृतसर चले, वहां से उन्हें जबरदस्ती तो अपने साथ ले नहीं जा सकता।

जहांगीर गुरु हरगोविन्द के साथ अमृतसर की ओर चल दिया। उसने अमृतसर के निकट गुम्टाले में अपना पड़ाव डाल दिया।

कुछ दिनों तक वहां रहा और फिर वजीर खां के नेतृत्व में थोड़ी–सी सेना छोड़कर लाहौर चला गया।

जाते समय वह वजीर खां को हिदायत कर गया था कि जैसे बने गुरु हरगोविन्द को वह लाहौर ले आये।

कुछ दिन अमृतसर में रहने के बाद गुरु हरगोविन्द अपने कुछ विश्वस्त सिक्खों के साथ लाहौर चले गए।

वहां मुजंगा नामक स्थान पर उनके रहने की व्यवस्था की गई थी।

कुछ दिन लाहौर में रहने के बाद जहांगीर ने गुरु हरगोविन्द से कहा, "मैं कश्मीर जा रहा हूं। आप यहीं लाहौर में रहिए। मेरा शाहज़ादा आपकी देखभाल के लिए आपके साथ रहेगा। जब मैं कश्मीर से लौट आऊं तब आप अमृतसर जाइएगा।"

विवश होकर गुरु हरगोविन्द को लाहौर में रुकना पड़ा।

जब गुरु हरगोविन्द ग्वालियर के किले के क़ैदखाने से मुक्त होकर दिल्ली पहुंचे थे तो जहांगीर ने दीवान चन्दूशाह को उनके हवाले कर

दिया था। और कहा था—"आपके खिलाफ इसने बहुत–सी शिकायतें की थीं। इसी की वजह से आपके साथ मुझे ऐसा सलूक करना पड़ा था। यही आपका असली मुजरिम है। मैं इसे आपको सौंप रहा हूं। आप इसे जो जी चाहे सज़ा दे सकते हैं।"

गुरु हरगोविन्द जब दिल्ली से लाहौर के लिए रवाना हुए थे तो चन्दूशाह को अपने साथ लेते आए थे। वह भी उनके साथ लाहौर आ गया। लेकिन अपमान, क्रोध और ईर्ष्या ने उसे जैसे पागल बना दिया। उसी स्थिति में उसने तड़प–तड़प कर अपनी जान दे दी।

चन्दूशाह तो मर गया लेकिन अपने सीने में धधकती बदले, घृणा और ईर्ष्या की आग अपने बेटे करमचंद के सीने में धधका गया। उसने गुरु हरगोविन्द से बदला लेने की तैयारियां शुरू कर दीं।

संवत् 1687 में जब मुग़ल सैनिकों ने श्री हरगोविन्द पुर पर आक्रमण किया तो वह मुग़ल सेना के साथ था। लेकिन लड़ाई करते हुए वह गुरु हरगोविन्द के हाथों ही मारा गया।

कश्मीर से लौटते समय जहांगीर की मृत्यु हो गई तो गुरु हरगोविन्द अमृतसर आ गए और फिर अपने अनुयायियों को धर्म का उपदेश देने लगे।

जहांगीर की मृत्यु के बाद उसका बेटा शाहजहां दिल्ली के सिंहासन पर बैठा।

उन दिनों शाहजहां लाहौर में था। उसकी सेना के कुछ अधिकारी शिकार खेलने जंगल में गए। उसी जंगल में गुरु हरगोविन्द भी अपने जवानों के साथ शिकार खेल रहे थे।

अचानक शाहजहां के सैनिक अधिकारियों का एक सफेद बाज जो उन्होंने किसी पक्षी के पीछे छोड़ा था, उड़ते–उड़ते गुरु हरगोविन्द के शिकारियों के हाथ लग गया।

शाहजहां के शिकारी उस बाज को खोजते–खोजते गुरु हरगोविन्द के शिकारियों के पास पहुंच गए। उन्होंने अपना बाज मांगा तो गुरु हरगोविन्द के शिकारियों ने बाज देने से साफ इनकार कर दिया।

शाहजहां के शिकारियों को बड़ा गुस्सा आया। उन्होंने शाहजहां के पास पहुंचकर सारी घटना खूब बढ़ा–चढ़ाकर सुनाई। शाहजहां कैसे बर्दाश्त कर सकता था कि कोई भी व्यक्ति शाही शिकारियों का बाज छीन ले। क्रोध में आकर उसने सेनापति मुखलिस खां को हुक्म दिया

कि हरगोविन्द से सफेद बाज ले आये।

सेनापति मुखलिस खां सात हजार सैनिक लेकर गुरु हरगोविन्द से बाज लेने के लिए चल पड़ा।

गुरु हरगोविन्द को मुग़ल सेना की चढ़ाई का समाचार मिल गया। उन्होंने बड़ी तेजी से एक किले का निर्माण कराया, जिसे उन्होंने लोहगढ़ का नाम दिया और पांच सौ सिक्ख योद्धा उस किले में नियुक्त कर दिए, ताकि वे मुग़ल सेना को आगे बढ़ने से रोक सकें।

23 जेष्ठ संवत् 1685 को मुखलिस खां की सेना ने अमृतसर घेर लिया। तीन दिन तक घमासान युद्ध हुआ। इस युद्ध में अनेक सैनिकों के साथ मुखलिस खां मारा गया। जो थोड़ी–सी सेना बची, वह लाहौर की ओर भाग गयी।

जिस स्थान पर मुग़ल सेना के साथ सिक्ख सेना का पहला युद्ध हुआ था, उस युद्ध की विजय की स्मृति में वहां एक गुरुद्वारा बनवाया गया, वो गुरुद्वारा संग्राणा साहब के नाम से विख्यात है।

गुरु हरगोविन्द जानते थे कि मुग़ल सेना की यह करारी हार मुग़ल सम्राट शाहजहां के क्रोध को और भड़का देगी और उसकी एक विशाल सेना अमृतसर पर धावा बोल देगी। इसलिए, उन्होंने अपने परिवार को गोयंदवाल भेज दिया और स्वयं जालन्धर जिले के करतारपुर में चले गए।

बादशाह जहांगीर ने चन्दूशाह की जागीर गुरु हरगोविन्द को दे दी थी। करतारपुर के पास ही सहेला नाम का एक गांव था, जो पहले चन्दूशाह की जागीर में था। लेकिन अब वह गांव गुरु हरगोविन्द का हो चुका था। वह अपनी सेना के साथ उस गांव में पहुंच गए।

सहेला गांव का चौधरी भगवान दास चन्दूशाह का खास आदमी था। उसने गुरु हरगोविन्द से कहा कि वह इस गांव में नहीं रह सकते इसलिए अपने डेरे उखाड़ कर कहीं दूर चले जायें।

गुरु हरगोविन्द ने उसे समझाया कि यह गांव अब उनकी जागीर है। उन्हें इस गांव में रहने से कोई भी नहीं रोक सकता।

इस बात पर भगवान दास के सैनिकों ने तलवारें निकाल लीं। गुरु हरगोविन्द के लड़ाकू सिक्खों ने डटकर उनका मुकाबला किया और उन सैनिकों के साथ भगवान दास को भी युद्ध में मार डाला।

चौधरी भगवान दास का पुत्र रतन चन्द पिता की मृत्यु का बदला लेने के लिए चन्दूशाह के बेटे करमचंद से मिलकर जालन्धर पहुंच गया। उसने जालन्धर के हाकिम अब्दुल्ला खां को गुरु हरगोविन्द के विरुद्ध भड़काया और उसे आर्थिक सहायता भी दी।

संवत् 1687 में अब्दुल्ला खां से घमासान युद्ध हुआ। सिक्ख सेना ने अब्दुल्ला खां के दस हजार सैनिकों से जमकर लोहा लिया। यह युद्ध भी तीन दिन ही चला। इस युद्ध में अब्दुल्ला खां के साथ रतनचंद और करमचंद भी मारे गए। अब्दुल्ला खां की आधी से अधिक सेना भी नष्ट हो गई।

इस युद्ध के बाद सहेला गांव का नाम बदल कर हरगोविन्द पुर रख दिया गया।

संवत् 1688 में शाहजहां ने बेगलाला के सेनापतित्व में पैंतीस हजार सैनिकों की एक विशाल सेना, गुरु हरगोविन्द का झगड़ा हमेशा के लिए समाप्त कर देने के लिए भेजी।

गुरु हरगोविन्द उन दिनों कांगड़ा में थे। मुगल सेना के आने का समाचार पाते ही वह नियाने गांव में चले गए और वहीं मुग़ल सेना से टक्कर लेने का निश्चय करके मोर्चा जमा लिया। उस समय गुरु हरगोविन्द के पास केवल तीन हजार सेनिक थे।

यह युद्ध सिक्ख इतिहास में मिहराज के युद्ध के नाम से प्रसिद्ध है। यह युद्ध केवल अठारह घंटे में ही समाप्त हो गया था। इस युद्ध में बेगलाला मारा गया और सिक्ख सैनिकों ने उसकी विशाल सेना को गाजर–मूली की तरह काट डाला।

चौथा युद्ध संवत् 1691 में हुआ। गुरुजी ने पैंदे खां नामक पठान को आश्रय दिया था। वह वर्षों उनके पास रहा था लेकिन अपनी बहिन बहनोई के बहकावे में आकर वह उनका दुश्मन बन बैठा। वह दिल्ली जाकर बादशाह शाहजहां से मिला। उसने शाहजहां से गुरु हरगोविन्द के विरुद्ध अनेक शिकायतें कीं। शाहजहां ने काले खां के नेतृत्व में पच्चीस हजार सैनिक पैंदे खां के साथ भेज दिये।

काले खां ने एक रात चुपके से करतार पुर को घेर लिया।

लेकिन गुरु हरगोविन्द के सिक्ख योद्धाओं ने मुग़ल सेना की घेरा बन्दी तोड़ दी और काले खां तथा पैंदे खां को मौत के घाट उतार दिया।

मुग़ल सेना को करारी हार देने के बाद गुरु हरगोविन्द करतार पुर छोड़कर कीरतपुर आ गए और सपरिवार वहीं रहने लगे।

कीरतपुर पहुंचकर गुरु हरगोविन्द को एहसास हो गया कि उनका अन्तिम समय निकट आ गया है। उन्होंने अपने बड़े बेटे गुरु दित्ता के पुत्र हरिराय में गुरु बनने के गुण देखे। और हरिराय को गुरु गद्दी सौंपकर चैत्र सुदी 5 संवत् 1701 को स्वर्ग सिधार गए।

गुरु हरगोविन्द जी के जीवन की एक घटना बहुत ही रोचक है। यह घटना इस बात का जीता-जागता प्रमाण है कि उनकी वाणी कितनी प्रभावशाली थी। उन्होंने अपनी वाणी से केवल हिन्दुओं को ही नहीं, मुसलमानों को भी अपना भक्त बना लिया था।

जिन दिनों वह मुग़ल सम्राट जहांगीर के साथ अमृतसर में ठहरे हुए थे, एक आश्चर्यजनक घटना हुई। काबुल के एक सिक्ख ने गुरु हरगोविन्द का यह आदेश सुन लिया था कि जो सिक्ख उनके दर्शन करने आए वह भेंट में अन्य चीजों को देने के बजाय अस्त्र-शस्त्र और घोड़े दिया करे। क्योंकि वह सिक्खों की एक शक्तिशाली सेना संगठित करना चाहते थे।

उस सिक्ख ने गुरु हरगोविन्द को भेंट करने के लिए एक बहुत ही मूल्यवान घोड़ा खरीदा। उसके लिए कई हजार रुपए खर्च करके सोने की काठी बनवाई। और उस घोड़े को गुरुजी को भेंट करने के लिए करतारपुर की ओर चल दिया।

लेकिन जब वह लाहौर पहुंचा तो उसे पता चला कि गुरु हरगोविन्द इन दिनों लाहौर में ही हैं। वह सोने की जीन वाले उस खूबसूरत घोड़े को लेकर गुरुजी के पड़ाव की ओर जा रहा था कि लाहौर के सूबेदार के कुछ सैनिकों की नज़र उस घोड़े पर पड़ गई। उन्होंने घोड़ा उससे छीन लिया और उसे मारपीट कर भगा दिया।

वह सिक्ख रोता हुआ गुरु हरगोविन्द के दरबार में आया और उसने घोड़े से सम्बन्धित सारी घटना गुरुजी को सुना दी।

गुरुजी ने आश्वासन दिया, "तुम चिन्ता मत करो, तुम्हारा घोड़ा तुम्हें मिल जायेगा।"

"गुरुजी, मुझे घोड़ा नहीं चाहिए। मैं तो उस घोड़े पर आपको सवारी करते देखना चाहता हूं।" सिक्ख ने हाथ जोड़कर निवेदन किया।

"ठीक है। जो तुम चाहते हो वही होगा।" गुरु हरगोविन्द ने कहा।

अचानक उसी दिन वह घोड़ा बीमार पड़ गया। सूबेदार ने घोड़ों का इलाज करने वाले कई हकीमों को बुलाया। अच्छी-से-अच्छी दवा दी गई लेकिन स्वस्थ होने के बजाय घोड़े का रोग बढ़ता ही चला गया।

"अब तो इस घोड़े को खुदा ही बचा सकता है, सूबेदार साहब!" शहर के क़ाज़ी ने कहा।

लाहौर का सूबेदार गुरु हरगोविन्द के प्रताप से भली-भांति परिचित था। उसने सोचा, क्यों न यह घोड़ा गुरु हरगोविन्द को भेंट कर दिया जाए। शहंशाह जहांगीर इन दिनों उनपर बहुत मेहरबान हैं। इससे शहंशाह को भी खुशी होगी। और गुरु हरगोविन्द पर खुदा की मेहर है। हो सकता है उनके पास पहुंच जाने पर इतने शानदार घोड़े की जान बच जाए।

और यह सोचकर उसने सोने की काठी सहित घोड़ा गुरु हरगोविन्द को भेंट कर दिया।

दूसरे ही पल लोगों की आंखें आश्चर्य से फटी रह गईं। सूबेदार के जाते ही घोड़ा इस तरह उठ खड़ा हुआ, जैसे उसे कोई रोग ही न हो।

गुरु हरगोविन्द की नज़र में न तो कोई हिन्दू था और न कोई मुसलमान। वह सभी को समान दृष्टि से देखते थे। इसीलिए उनके शिष्यों में मुसलमानों की संख्या भी कम नहीं थी। वे लोग भी उनके उपदेश सुनने के लिए बड़ी श्रद्धा से आया करते थे और भजन-कीर्तन में भाग लिया करते थे।

जाति-पांति और छोटे-बड़े के भेदभाव के लिए ही उन्होंने लंगर की प्रतिदिन की व्यवस्था कर दी थी। लंगर में सभी जातियों, और वर्गों के लोग भेदभाव और छूतछात की भावना से मुक्त होकर एक ही क़तार में बैठकर भोजन किया करते थे।

उन दिनों गुरु हरगोविन्द भुजंग नामक गाव मे निवास कर रहे थे। जहां उनका पड़ाव था उसके पास ही एक मकान में एक काजी रहा करते थे। काजी जी की एक बेटी थी जिसका नाम कौलां था। बचपन से ही कौलां के विचार धार्मिक थे। एक कट्टर मुसलमान काजी के घर में जन्म लेने के बावजूद उसे किसी भी धर्म से वैर नहीं था। वह सभी धर्मों को एक जैसा ही मानती थी। उसके हृदय में दीन-दुःखियों

के लिए दया, करुणा और सेवा की भावनाएं कूट–कूट भरी हुई थीं।

जब गुरु हरगोविन्द ने कौलां के मकान के पास आकर डेरा डाल दिया तो वहां रात–दिन कीर्तन, भजन और प्रवचन होने लगे। कौलां अपने कमरे में बैठी–बैठी सुनती रहती। गुरु हरगोविन्द के दीवान में होने वाले भजन–कीर्तन और उपदेशों का उसके मन पर इतना गहरा प्रभाव पड़ा कि उसका श्रद्धा भरा हृदय गुरु गोविन्द के दर्शन करने के लिए लालायित हो उठा। कौलां को साईं मियां मीर पर भी अगाध श्रद्धा और आस्था थी। मियां मीर की नज़रों में हिन्दू और मुसलमान एक ही मां के दो बेटों के समान थे।

एक दिन कौलां चुपचाप घर से निकली और गुरु हरगोविन्द के दीवान में आ बैठी। गुरुजी के दर्शन करके और उनके प्रवचन सुनकर वह इतनी प्रभावित हो गई कि रोजाना वहां आने लगी।

उसने अपने माता–पिता से पूछे बिना ही गुरु हरगोविन्द का शिष्यत्व ग्रहण कर लिया।

जब वह प्रतिदिन सत्संग में भाग लेने लगी तो उसके पिता को पता चल गया। उसने कौलां को बुलाकर खूब डांटा और उसे ताकीद की कि वह भविष्य में गुरु हरगोविन्द के प्रवचन सुनने न जाए। गुरु हरगोविन्द काफिर है और एक दीनदार मुसलमान का किसी काफिर से मेल–जोल रखना जुर्म है। तुम आगे से घर से बाहर कदम नहीं रखोगी, तुम एक काज़ी की बेटी हो। एक काफिर की बातें सुनना तुम्हारे लिए मुनासिब नहीं है।

"लेकिन अब्बाजान, पीरों और अवतारों के प्रवचन सुनने में क्या बुराई है। गुरु हरगोविन्द भी तो एक बहुत बड़े पीर हैं और पीर न हिन्दू होता है न मुसलमान।"

"नहीं, वह पीर नहीं है काफिर है। मेरी बेटी एक काफिर से मेल–जोल रखे, मुझे पसन्द नहीं।"

"अब्बा हुजूर, मुझे उनके पास जाने से कोई नहीं रोक सकता। गुरु हरगोविन्द काफिर नहीं खुदा के बन्दे हैं। साईं मियां मीर तक उनकी इज़्ज़त करते हैं। उनसे मुहब्बत करते हैं।"

"बकवास बन्द करो। तुम्हें अपने बाप के सामने जुबान चलाते हुए शर्म नहीं आती?" काजी ने कहा, "अगर तुमने उससे मिलने की

कोशिश की तो इसका अंजाम बहुत बुरा निकलेगा।''

''क्या बुरा अंजाम निकलेगा, जरा मैं भी तो जानूं।''

''अगर तुमने दोबारा उस काफिर से मिलने की कोशिश की तो मैं तुम्हें जान से मार डालूंगा।'' काजी ने कहा और क्रोध से पांव पटकते हुए चला गया।

कौलां सोच में डूब गई। वह अपने बाप को अच्छी तरह जानती थी। दूसरे काजियों की तरह वह भी बेरहम और जालिम था। हिन्दुओं के लिए उसके दिल में भी कूट–कूट कर नफरत भरी हुई थी। उसकी धमकी अर्थहीन नहीं थी। वह अपनी आन और मजहब की इज़्ज़त–आबरू के लिए सचमुच अपनी बेटी का गला घोंट सकता था। किसी से भी कत्ल करा सकता था, चांदी के चन्द टुकड़े खर्च करके। फिर मैं क्या करूं?

बेबस कौलां सोचती रही।

अचानक उसे साईं मियां मीर की याद आ गई। साईं मियां मीर के पास जाने से काजी जी उसे रोक नहीं सकते थे। वह उनके पास चली गई। उसने अपनी पूरी कहानी साईं मियां मीर को सुना दी।

गुरु हरगोविन्द के प्रति कौलां का असीमित प्यार देखकर उनका हृदय दया और करुणा से भर आया।

साईं मियां मीर उसी समय गुरु हरगोविन्द के पास चले गए और उन्हें कौलां के सम्बन्ध में सारी बात बता दी।

कौलां की व्यथा–कथा सुनकर गुरु हरगोविन्द सोच में डूब गए।

साईं मियां मीर ने कहा, ''कौलां आपकी मुरीद है। आपके दीदार के बगैर वह जिन्दा नहीं रह सकती। लेकिन अगर वह आपसे मिलने आई तो उसका जालिम बाप उसकी जान ले लेगा। अपने मुरीद की हिफाज़त करना, उसकी मुराद पूरी करना आपका फर्ज़ है।''

गुरु हरगोविन्द धार्मिक भेद–भाव से कोसों दूर थे। काजी का यह मजहबी पक्षपात और जिद उन्हें अच्छी नहीं लगी। उन्होंने साईं मियां मीर की बात मान ली और कौलां को अपने पास बुला लिया।

उन्होंने उसी दिन भुजंग गांव से अमृतसर के लिए कूच कर दिया।

वह कौलां को अमृतसर ले आए और एक अलग हवेली में उसके रहने–सहने की सारी व्यवस्था कर दी।

कौलां निश्चिन्त होकर उस हवेली में रहने लगी। उसे अब गुरु हरगोविन्द के दर्शन करने से कोई नहीं रोक सकता था। वह प्रतिदिन दरबार में जाती और गुरुजी के प्रवचन सुनती।

कौलां का नाम सदियों तक अमर रहे, इस उद्देश्य से गुरु हरगोविन्द ने कौलां की स्मृति में ठीक उसी स्थान पर जहां कौलां रहती थी, एक सरोवर का निर्माण कराया और उस सरोवर का नाम रखा—'कौलसर सरोवर।'

वह सरोवर आज भी इस घटना के साक्षी के रूप में मौजूद है।

❑

गुरु हरिराय

श्री गुरु हरगोविन्द जी के तीन विवाह हुए थे। इन तीनों पत्नियों के गर्भ से एक पुत्री और पांच पुत्रों ने जन्म लिया था।

सबसे बड़े पुत्र का नाम गुरु दित्ता था। एक बार गुरु हरगोविन्द उदासी सन्त श्रीचन्द्र के आश्रम में गए थे। महात्मा श्रीचन्द्र ने उनसे गुरु दित्ता को मांग लिया था और उन्हें अपने बाद अपनी गद्दी का उत्तराधिकारी घोषित कर दिया था। इन्हीं बाबा गुरु दित्ता की पत्नी निहाल कौर के गर्भ से हरिराय ने माघ सुदी 13, संवत् 1687 को कीरतपुर में जन्म लिया था।

जब गुरु हरगोविन्द को इस बात का आभास हो गया कि अब उनका अन्तिम समय निकट आने वाला है तो उन्होंने चैत्र वदी 12, संवत् 1701 को अपने पौत्र हरिराय को, जिनकी अवस्था उस समय चौदह–पन्द्रह वर्ष की ही थी, गुरु गद्दी सौंप दी।

गुरु हरिराय का विवाह उत्तर प्रदेश के अनूप शहर निवासी भाई दयाराम की पुत्री कृष्ण कौर के साथ हुआ था। उनके दो पुत्र थे राम राय और हरिकृष्ण।

गुरु हरिराय जिस समय गुरु गद्दी पर बैठे मुग़ल साम्राज्य और सिक्खों का विरोध स्पष्ट प्रकट हो गया था। मुग़ल शासक सिक्खों को अपनी सल्तनत के लिए सबसे बड़ा खतरा समझने लगे थे। गुरु हरगोविन्द के नेतृत्व में सिक्ख सेना पांच बार मुग़ल साम्राज्य की विशाल सेना से टक्कर ले चुकी थी। उसने संख्या में थोड़ी होते हुए भी हर बार मुग़लों की विशाल सेनाओं को करारी पराजय दी थी। भागती हुई मुग़ल सेना के हथियारों, और अन्य युद्ध सामग्री से स्वयं को और अधिक शक्तिशाली तथा साधन सम्पन्न बना लिया था।

गुरु हरिराय के गद्दी पर बैठने के कुछ समय बाद ही मुग़ल शहंशाह शाहजहां बीमार पड़ गया। राज सिंहासन के लिए उसके चारों पुत्र अपनी–अपनी सेनाएं लेकर निकल पड़े। इनमें औरंगज़ेब सबसे अधिक चालाक और मक्कार था। उसने अपने दो भाईयों शुजा और मुराद को अपनी ओर मिला लिया और शाहजहां द्वारा घोषित युवराज दारा शिकोह पर टूट पड़ा।

दारा शिकोह की सेना अधिक समय तक तीनों शहजादों की सम्मिलित विशाल सेना का सामना नहीं कर पाई। दारा शिकोह युद्ध में पराजित होकर काबुल की ओर चल पड़ा।

रास्ते में वह गुरु हरिराय से मिला और उनसे सहायता मांगी। लेकिन उन्होंने अपने बाबा की तरह राजनीतिक मामलों में दखल न देने का अपना निश्चय दोहराते हुए कहा कि वह उसकी कोई सहायता नहीं कर सकते।

दारा शिकोह निराश होकर वहां से चल पड़ा, लेकिन औरंगज़ेब के सैनिकों ने उसे पकड़ लिया।

औरंगज़ेब को यह सन्देह हुआ कि गुरु हरिराय ने दारा शिकोह की सहायता की थी। वह इसी बात पर उनका दुश्मन बन बैठा। उसने हरिराय को एक पत्र लिखकर बड़ी विनम्रतापूर्वक अनुरोध किया कि वह दिल्ली पहुंचकर उसे दर्शन देकर कृतार्थ करें।

गुरु हरिराय के सामने गुरु अर्जुनदेव का उदाहरण था। गुरु हरगोविन्द के साथ मुग़ल सेना के पांच युद्धों ने मुग़ल बादशाह पर से विश्वास समाप्त कर दिया था। वह समझ गए कि औरंगज़ेब की यह धूर्तता भरी चाल है। वह किसी–न–किसी तरह उन्हें अपने काबू में करना चाहता है। जिसने अपने सगे भाइयों और अपने बाप तक को नहीं बख्शा, उससे मित्रतापूर्ण व्यवहार की आशा कैसे की जा सकती है!

उन्होंने अपने बड़े बेटे रामराय से कहा, "तुम दिल्ली चले जाओ लेकिन दो बातों का ध्यान रखना। पहली तो यह कि कोई भी ऐसा काम मत करना जिससे गुरु घर की हेठी हो और दूसरी यह कि भले ही औरंगज़ेब कितनी ही मीठी–मीठी बातें क्यों न करे, या फिर कितना ही प्यार क्यों न दिखाये, उसके प्रभाव में मत आना।"

औरंगज़ेब बेहद चालाक और कूटनीतिज्ञ था। उसने रामराय का

शाही स्वागत किया। और सिक्ख गुरुओं की इतनी प्रशंसा की कि वह उसके शब्दों के जाल में उलझ गया। औरंगज़ेब के कहने पर उसने अनेक चमत्कार दिखाए।

अन्त में औरंगज़ेब ने कहा, "आपके गुरुग्रन्थ साहब में गुरु नानकदेव जी का एक शब्द शामिल किया गया है, जिसमें उन्होंने कहा था—'मिट्टी मुसलमान की पेड़े पई घुमिआर' क्या यह कहकर उन्होंने मुसलमानों का अपमान नहीं किया?"

रामराय औरंगज़ेब को नाराज नहीं करना चाहता था। उसने खुशामद भरे लहजे में कहा—"आलमपनाह, गुरुग्रन्थ साहब में शामिल गुरु नानकदेव जी के जिस शब्द का आप उल्लेख कर रहे हैं उसमें मुसलमान शब्द नहीं है, बेईमान है—"मिट्टी बेईमान की पेड़े पई घुमियार।"

रामराय सच कहने का साहस नहीं कर सका। उसने झूठ बोलकर औरंगज़ेब को तो खुश कर दिया, लेकिन उसकी इस हरकत से गुरु हरिराय के दुःख और क्रोध की सीमा नहीं रही। उन्होंने अपने एक विश्वस्त शिष्य के हाथ उसे सन्देशा भेज दिया कि उसने जो कुछ किया है, अच्छा नहीं किया। एक बहुत बड़ा अपराध किया है। इसका दंड यह है कि वह घर न लौटे। अगर घर लौटा तो वह अपने प्राण विसर्जित कर देंगे।

गुरु हरिराय का यह संदेश पाकर रामराय करतारपुर चला गया और खुल्लम-खुल्ला उनका विरोध करने लगा।

उसने औरंगज़ेब के द्वारा गुरु गद्दी का दावा किया लेकिन गुरु हरिराय और समस्त सिक्खों ने उसके दावे को ठुकरा दिया।

औरंगज़ेब ने उसे देहरादून और उसके आसपास की बहुत बड़ी जागीर दे दी। उन दिनों देहरादून था ही नहीं। इसे रामराय ने ही बसाया था, जो कालान्तर में देहरादून के नाम से एक विख्यात नगर बन गया।

संवत् 1708 में मालवा के कुछ सिक्ख गुरु हरिराय के पास पहुंचे और आग्रह करके अपने साथ मालवा ले गए।

मालवा के एक गांव में रूपचंद नामक गुरु हरगोविन्द का एक शिष्य रहता था। संवत् 1688 में जब शाहजहां की सेना के साथ हरगोविन्द का तीसरा युद्ध हुआ था, मालवा के लोगों ने गुरुजी के कन्धे-से-कन्धा मिलाकर युद्ध किया था। और शाहजहां की विशाल सेना को शर्मनाक पराजय का मुंह देखना पड़ा था। उन लोगों में रूपचंद भी था,

जिसने युद्ध में लड़ते समय वीरगति प्राप्त की थी।

रूपचंद के दो पुत्र थे। एक का नाम था फूल और दूसरे का संवली। पिता की मृत्यु के बाद वे दोनों भाई अनाथों की तरह बड़ी ग़रीबी में गुज़ारा कर रहे थे।

रूपचन्द का एक भाई था, जिसका नाम काला था। गांव वालों ने काला से कहा कि अगर वह इन दोनों लड़कों को गुरु के पास ले जाए और इनके सम्बन्ध में गुरुजी को सब कुछ बता दे तो गुरुजी इनकी सहायता अवश्य करेंगे।

काला ने गांव वालों की बात मान ली और दोनों लड़कों को गुरु हरिराय के दरबार में ले गया। अपने चाचा के सिखाने पर दोनों लड़के अपना पेट बजाने लगे।

दोनों बच्चों की इस हरकत को देखकर गुरुजी को हैरानी हुई। उन्होंने पूछा, "ये बच्चे यह क्या कर रहे हैं?"

"गुरुजी, ये बच्चे भाई रूपचंद के अनाथ बेटे हैं। इनके पिता गुरु हरगोविन्द जी के साथ शाहजहां के विरुद्ध लड़ते हुए मारे गए थे। ये अनाथ रह गए हैं। इनके पास दो वक्त की रोटी तक का कोई सहारा नहीं है।" काला ने बड़ी विनम्रता से कहा, "मुझसे जितनी बन पड़ती है इनकी मदद कर देता हूं। लेकिन मैं खुद बहुत ग़रीब हूं।"

उन बच्चों की व्यथा को सुनकर गुरु हरिराय को बहुत दुःख हुआ। उन्होंने कहा, "नहीं, ये बच्चे अनाथ नहीं हैं। एक दिन ये राजा बनेंगे। हम उनकी भरपूर मदद करेंगे।"

जब दोनों बच्चों को लेकर काला अपने घर पहुंचा और घरवाली को सारी घटना सुनाई तो उसने कहा, "अगर ऐसी बात थी तो तुम अपने बच्चों को क्यों नहीं ले गए? तुमने उनके लिए वरदान क्यों नहीं मांगा? जाओ गुरुजी के पास जाओ और अपने बेटों के लिए गुरुजी से वरदान मांगो।"

पत्नी के जोर देने पर काला अपने बेटों को लेकर गुरुजी के दरबार में पहुंच गया।

"अब क्या बात है काला?" गुरु हरिराय ने उन बच्चों को देखते हुए मुस्कुराकर पूछा।

"महाराज, ये बच्चे मेरे हैं। इन्हें भी वरदान दे दीजिए।"

"अच्छी बात है। तुम्हारे बच्चे बाईस गांवों के मालिक बनेंगे।"

गुरु हरिराय के वरदान सत्य सिद्ध हुए। फूल और संवली बड़े होकर जीद और पटियाला के राजा बने और काला के पुत्र बाईस गांवों के मालिक।

गुरु हरिराय के दो ही पुत्र थे। बड़ा पुत्र रामराय औरंगज़ेब का कृपापात्र बनकर देहरादून में रहने लगा था। छोटे पुत्र रामराय की उम्र बहुत कम थी।

स्वयं गुरु हरिराय भी अपने जीवन के अभी बत्तीस वर्ष भी पूरे नहीं कर पाए थे कि उनके मन में वैराग्य की भावना पैदा हो गई। और उस भावना ने उन्हें विश्वास दिला दिया कि वह अब इस असार संसार में अधिक दिन नहीं रह पायेंगे।

अपना अन्तिम समय निकट देखकर उन्होंने सभी सिक्खों को बुलाया और अपने छोटे पुत्र हरिकृष्ण को विधिवत् गुरु गद्दी पर प्रतिष्ठित कर दिया। उस समय गुरु हरिकृष्ण की उम्र केवल पांच वर्ष की थी।

गुरु हरिकृष्ण को गद्दी सौंपने के बाद कार्तिक 7, संवत् 1718 को अपना नश्वर शरीर छोड़कर परम ज्योति में विलीन हो गए।

❑

गुरु हरिकृष्ण

गुरु हरिकृष्ण गुरु हरिराय के छोटे पुत्र थे। उनका जन्म माता कृष्ण कौर की कोख से कीरतपुर में सावन वदी 10, संवत् 1713 को हुआ था।

उनकी दूसरी मां कल्याणी के पुत्र का नाम रामराय था, जिसने संवत् 1703 को जन्म लिया था।

गुरु हरिकृष्ण की मां कृष्ण कौर बहुत ही धार्मिक विचारों वाली महिला थीं। उनमें सेवा और त्याग की भावनाएं कूट–कूट कर भरी हुई थीं जो उन्होंने बचपन से ही अपने पुत्र हरिकृष्ण में भर दी थीं। सद्‌गुणों का विकास बालक हरिकृष्ण में बचपन से ही होने लगा था। उनके सद्‌गुणों को देखकर ही गुरु हरिराय ने जब वह पांच वर्ष के ही थे, अपने बाद सिक्खों के आठवें गुरु होने की घोषणा कर दी थी।

गुरु हरिराय की इस घोषणा से जहां सिक्खों को प्रसन्नता हुई उनके बड़े पुत्र रामराय को बहुत ही क्षोभ हुआ। जिस दिन रामराय ने औरंगज़ेब को प्रसन्न करने के लिए गुरु नानकदेव की वाणी में उलट–फेर की थी, उसी दिन गुरु हरिराय ने उसे निष्कासित कर दिया था। उसके पास संदेश भिजवा दिया था कि भविष्य में वह अपना मुंह उन्हें न दिखाए।

रामराय को औरंगज़ेब ने देहरादून में जागीर दे दी थी। उसने वहीं आश्रम बना दिया था। उस इलाके के लोग उसे बाबा रामराय कहक. पुकारने लगे थे।

रामराय को पूर्ण विश्वास था कि औरंगज़ेब उसकी भरपूर सहायता करेगा। उसने दिल्ली जाकर औरंगज़ेब को गुरु हरिराय और नन्हें गुरु हरिकृष्ण के विरुद्ध खूब भड़काया और कहा, "मुझे इतना बड़ा दंड आपका पक्ष लेने के कारण, मेरे पिता ने दिया है। पहले घर से निकाल

दिया और अब मेरा अधिकार छीनकर मेरे छोटे भाई को गुरु गद्दी सौंप दी।''

औरंगज़ेब रामराय की खुशामद भरी बातों से बहुत प्रसन्न हुआ, उसीका कोई आदमी सिक्खों का नेतृत्व करे, इससे बड़े लाभ की बात और क्या हो सकती थी। इस प्रकार, सारा सिक्ख सम्प्रदाय उसकी मुट्ठी में आ सकता था। वह सिक्ख जैसी लड़ाकू क़ौम पर अपना नियन्त्रण रख सकता था। उसने रामराय को सहायता देने का वचन दे दिया।

''लेकिन रामराय, तुम्हारे छोटे भाई हरिकृष्ण को गुरु गद्दी से बेदखल कैसे किया जा सकता है। जबकि सभी सिक्खों की सहमति से तुम्हारे पिता ने उन्हें गुरु घोषित किया है?''

''आप हरिकृष्ण को दिल्ली बुलवा लीजिए और उससे साफ–साफ कह दीजिए कि गुरु गद्दी पर तुम्हारा कोई अधिकार नहीं है। रामराय तुमसे बड़ा है। इसलिए वही गुरु गद्दी का मालिक बन सकता है। वो सिक्खों का आठवां गुरु है। आज से सभी सिक्ख उसी को अपना गुरु मानें।'' रामराय ने उपाय सुझाया।

रामराय की योजना ठीक थी। औरंगज़ेब ने अपने प्रधान सेनापति राजा जयसिंह से कहा कि वह अपने कुछ आदमियों को कीरतपुर भेजें और वहां से गुरु हरिकृष्ण को दिल्ली बुलवा लें।

राजा सवाई जयसिंह अच्छी तरह जानते थे कि गुरु हरिकृष्ण को दिल्ली बुलाने का उद्देश्य क्या है। वह इसे अनुचित समझते थे लेकिन बादशाह के आदेश का पालन करने से इनकार नहीं कर सकते थे। इनकार करके वह औरंगज़ेब से शत्रुता मोल लेना नहीं चाहते थे। उससे कोई लाभ भी नहीं था। क्योंकि वह जानते थे कि अगर उन्होंने मना कर दिया तो औरंगज़ेब अन्य व्यक्तियों को वहां भेज देगा। वे लोग गुरु हरिकृष्ण के मान–सम्मान का कोई लिहाज नहीं करेंगे और सामान्य अपराधी की तरह कैद करके दिल्ली ले जायेंगे।

गुरु पद की मर्यादा बनी रहे–यह सोचकर सवाई राजा जयसिंह ने अपने दीवान को औरंगज़ेब और रामराय की कुटिल नीति के बारे में समझाने के बाद कहा, ''दीवान जी, आप कीरतपुर जाइए और गुरु हरिकृष्ण को बड़े सम्मान और सुरक्षा के साथ दिल्ली ले आइए। मैंने औरंगज़ेब की बात मान तो ली है साथ ही उससे स्पष्ट शब्दों में यह

भी कह दिया है कि मेरे जीते जी गुरु हरिकृष्ण का कोई भी अहित नहीं कर पायेगा। यदि उसने गुरु हरिकृष्ण को कैद करने या मरवाने की चेष्टा की तो अच्छा नहीं होगा। आप गुरु हरिकृष्ण और सभी सिक्खों को यह बात अच्छी तरह समझा दीजिए कि अगर वह दिल्ली न आए तो उसका परिणाम होगा औरंगज़ेब के अत्याचारों को प्रोत्साहन देना। वह जोर–जुल्म पर उतर आयेगा। आप उन्हें इस बात का विश्वास दिला दें कि मैं उनकी पूरी–पूरी रक्षा करूंगा।''

राजा सवाई जयसिंह के दीवान बहुत ही विवेकशील व्यक्ति थे। उन्होंने अपने कुछ विश्वस्त व्यक्तियों को साथ लिया और कीरतपुर रवाना हो गए।

गुरु गद्दी पर सुशोभित होने के बाद गुरु हरिकृष्ण ने पांच वर्ष की अल्प आयु में ही सारा कार्य–भार संभाल लिया था। हालांकि वह स्वयं कोई सक्रिय भूमिका नहीं निभा पाते थे लेकिन उनकी उपस्थिति ही इतनी प्रभावशाली थी कि सारे काम पहले के समान सुविधानुसार होते चले जा रहे थे।

गुरु गद्दी पर बैठे उन्हें अभी तीन वर्ष ही हुए थे कि औरंगज़ेब का पत्र लेकर सवाई राजा जयसिंह के दीवान कीरतपुर पहुंच गए।

औरंगज़ेब का पत्र पढ़कर सभी लोग चिंतित हो उठे। मुग़ल बादशाहों के पिछले दो पत्रों का परिणाम वे लोग देख और भोग चुके थे। शहंशाह जहांगीर ने भी पत्र भेजकर गुरु अर्जुनदेव को लाहौर बुलवाया था लेकिन गुरु अर्जुनदेव पलटकर अपने घर नहीं पहुंचे थे।

इसी प्रकार जहांगीर ने दूसरा पत्र भेजकर गुरु हरगोविन्द को दिल्ली बुलाया था और फिर ग्वालियर के किले में कैद कर दिया था।

मुगल बादशाहों का सिक्खों के प्रति द्वेष छिपा नहीं था। इसलिए अधिकांश, सिक्खों ने यही परामर्श दिया कि गुरु हरिकृष्ण दिल्ली न जायें। क्योंकि जालिम और धोखेबाज बादशाह औरंगज़ेब का विश्वास बिलकुल नहीं किया जा सकता।

सवाई राजा जयसिंह के दीवान माता कृष्ण कौर से मिले और उन्हें समझाया कि जब तक सवाई राजा जयसिंह हैं, गुरुजी का कोई बाल भी बांका नहीं कर पायेगा। वह स्वयं उनकी सुरक्षा करेंगे। सवाई राजा जयसिंह ने गुरु हरिकृष्ण की सुरक्षा का भार उन्हें सौंपा है।

गुरु हरिकृष्ण की आयु उस समय केवल आठ वर्ष की थी। माता कृष्ण कौर की चिन्ता की कोई सीमा नहीं थी। उन्होंने गुरु हरिकृष्ण को दिल्ली भेजने से इंकार कर दिया।

"माता जी आपको चिन्ता करने की बिलकुल जरूरत नहीं है। मैं गुरुजी की सुरक्षा का वचन देता हूं।" दीवान ने कहा, "आप औरंगज़ेब को नहीं जानतीं। अगर उसके आदेश का पालन नहीं किया तो गुरु हरिकृष्ण के साथ सारी सिक्ख कौम खतरे में पड़ जायेगी। वह बहुत ही जालिम है। इसलिए यही बेहतर है कि आप गुरु को मेरे साथ भेज दीजिए।"

विवश होकर माताजी ने गुरु हरिकृष्ण को दिल्ली ले जाने की अनुमति दे दी।

जिस समय गुरु हरिकृष्ण दिल्ली के लिए रवाना हुए, सारा शहर उमड़ पड़ा। उनके दिल्ली जाने का समाचार सुनकर दूर-दूर के सिक्ख कीरतपुर पहुंच गए थे। सभी लोग चिन्तित, उदास और दुःखी थे। लोगों ने आंखों में आंसू भर कर अपने नन्हें गुरु को विदा दी।

माताजी गुरुजी को अकेला छोड़ना नहीं चाहती थीं इसलिए वह भी कुछ विश्वस्त और वफादार सिक्खों के साथ दिल्ली चल पड़ीं।

दीवान जी, माताजी और गुरु हरिकृष्ण को बड़े सम्मान सहित दिल्ली ले आए। रास्ते में उन्हें कोई असुविधा नहीं होने दी। दीवान जी के व्यवहार से माताजी को विश्वास हो गया कि दीवान जी और सवाई राजा जयसिंह के होते हुए गुरु हरिकृष्ण का कोई अहित नहीं होगा।

कई दिनों की यात्रा के बाद, गुरु हरिकृष्ण की सवारी दिल्ली पहुंची तो स्वयं राजा जयसिंह ने आगे बढ़कर उनका स्वागत किया। और जयसिंह पुरा की अपनी भव्य और विशाल कोठी में लाकर उन्हें ठहराया।

जयसिंह पुरा सवाई राजा जयसिंह की व्यक्तिगत जागीर थी। और उनकी कोठी बंगला कहलाती थी।

सवाई राजा जयसिंह ने गुरु हरिकृष्ण की सुरक्षा की कड़ी व्यवस्था के साथ उनके रहने और खाने-पीने की समुचित व्यवस्था कर दी थी। गुरु हरिकृष्ण सवाई राजा जयसिंह के जिस बंगले में ठहरे थे, वहां आज एक भव्य और विशाल गुरुद्वारा है जिसे गुरुद्वारा बंगला साहब कहते हैं। इस बंगले में एक भव्य सरोवर है, जिसके सम्बन्ध में लोगों

का विश्वास है कि इस सरोवर में स्नान करने और इसके जल को पीने से अनेक रोग दूर हो जाते हैं।

गुरु हरिकृष्ण के दिल्ली में आने के बाद अचानक ही हैजे की महामारी फैल गई। लोगों का गुरु हरिकृष्ण में अगाध विश्वास था। वे लोग उनके पास आने लगे।

गुरुजी उन्हें चरणामृत पिला देते और वे रोग मुक्त हो जाते।

जिस समय गुरु हरिकृष्ण कीरतपुर से दिल्ली आ रहे थे। मार्ग में एक चमत्कारपूर्ण घटना हुई।

अम्बाला शहर के निकट ही पंजीखरे नामक एक गांव था। दीवान ने वहीं पड़ाव डालने का हुक्म दिया। कीरतपुर से चलते–चलते लोग कुछ थक गए थे। दीवान निश्चय किया कि वहां तीन दिन रहने के बाद दिल्ली की ओर कूच किया जायेगा।

पंजीखरे में एक विद्वान ब्राह्मण रहते थे। उन्होंने उस पड़ाव को और गुरु हरिकृष्ण जी के दर्शनों के लिए आने वाले लोगों की भीड़ देखी तो उसने पूछा, "यह पड़ाव किसका है?"

"गुरु हरिकृष्ण जी दिल्ली जा रहे हैं। यह उन्हीं का पड़ाव है।"

"कौन गुरु हरिकृष्ण?"

"सिक्खों के आठवें गुरु हैं। हालांकि उनकी उम्र आठ वर्ष भी नहीं है, लेकिन उनके पास बुद्धि, विवेक और ज्ञान की कमी नहीं है। बहुत ही महान व्यक्ति हैं।"

"उनकी उम्र अभी आठ वर्ष की भी नहीं है। इतनी छोटी उम्र में भला कोई ज्ञानवान कैसे हो सकता है?" पंडितजी ने अविश्वास भरे स्वर में कहा।

"अगर आपको हमारी बात का विश्वास नहीं है तो खुद ही जाकर देख लीजिए।"

पंडितजी गुरु हरिकृष्ण के ज्ञान और विद्वता की परीक्षा लेने के इरादे से उनके खेमे में चले गए।

गुरु हरिकृष्ण के सामने उनके अनुयायियों की भीड़ लगी हुई थी।

"आइए पंडितजी, बैठिए" गुरु हरिकृष्ण ने उन्हें देखते ही मुस्कुराते हुए स्वागत किया।

गुरु हरिकृष्ण की उम्र तो अभी आठ वर्ष की भी नहीं थी, लेकिन

उनके प्रभावशाली व्यक्तित्व को देखकर पंडितजी हैरान रह गए। वह चुपचाप गुरुजी के पास जा बैठे।

"मैंने सुना है, आप सिक्ख पंथ के गुरु हैं?" पंडितजी ने पूछा।

"आपने सच ही सुना है।"

"मैंने यह भी सुना है कि आप बहुत ही ज्ञानवान और विद्वान हैं?"

"मैंने तो ऐसा कभी अपने बारे में कहा नहीं। और न मैं ऐसा समझता हूं।"

"लेकिन लोग तो यही कहते हैं।"

"लोग क्या कहते हैं, इसे छोड़िए आप अपनी बात कहिए। आपका अपना क्या विचार है?" गुरु हरिकृष्ण ने मुस्कुराते हुए पूछा।

"मुझे विश्वास नहीं होता कि इतनी छोटी–सी उम्र में एक बालक ज्ञानवान कैसे हो सकता है?"

"तो फिर ज्ञानवान कौन हो सकता है?"

"जो पढ़ा–लिखा हो। जो ग्रन्थों का अध्ययन करता हो और चिन्तन–मनन करता रहता हो। जिसकी आयु बड़ी हो।" पंडितजी ने बड़े गर्व से कहा, "अगर आप स्वयं को बहुत बड़ा ज्ञानी–ध्यानी समझते हैं तो गीता के कुछ श्लोकों का ही अर्थ बता दीजिए। गीता के ज्ञान के बिना कोई भी व्यक्ति ज्ञानी नहीं हो सकता।"

"इसका अर्थ यह है कि जो गीता के श्लोकों का अर्थ बता सके, उसीको आप ज्ञानी मानते हैं?"

"जी हां।"

"तब ठीक है" गुरु हरिकृष्ण ने मुस्कुराते हुए कहा और उसी गांव में रहने वाले छज्जू झीऊर को बुलाया।

छज्जू झीऊर हाथ जोड़कर गुरुजी के सामने आ खड़ा हुआ।

"भाई छज्जू, यह पंडितजी गीता के श्लोकों का अर्थ जानना चाहते हैं। अगर तुम्हें गीता के श्लोकों के अर्थ मालूम हों तो इन्हें समझा दो।"

"जो आज्ञा गुरुजी।" छज्जू झीऊर ने कहा और धारा प्रवाह गीता के श्लोक बोलने लगा और उनके अर्थ समझाने लगा।

पंडितजी आश्चर्य चकित रह गए।

एक अनपढ़ आदमी गीता के श्लोकों का सही उच्चारण कर रहा

था। उनके अर्थ समझा रहा था। एक प्रकांड पंडित की तरह।

गुरु हरिकृष्ण पूर्ववत् मुस्कुराते रहे।

पंडितजी ने हाथ जोड़कर कहा, "मैं मान गया महाराज, आप वास्तव में ज्ञानी हैं।"

"पंडितजी, ज्ञान का सम्बन्ध व्यक्ति की आयु या शिक्षा से नहीं होता। ज्ञान तो किसी भी आयु में प्राप्त किया जा सकता है। केवल आवश्यकता होती है ज्ञान प्राप्त करने की जिज्ञासा, और लगन की।" गुरु हरिकृष्ण ने मुस्कुराते हुए कहा।

पंडितजी अपनी नासमझी और घमंड पर बहुत ही शर्मिन्दा हुए और वहां से चले गए।

इस घटना की स्मृति में आज भी पंजीखरे गांव में गुरु हरिकृष्ण की कीर्ति के स्तम्भ के रूप में एक भव्य गुरुद्वारा बना हुआ है।

दिल्ली में फैली हैजे की महामारी तो समाप्त हो गई लेकिन कुछ दिनों बाद ही चेचक की महामारी फैल गई। शहर में लोग मरने लगे। परेशान होकर लोग गुरुजी के दरबार में पहुंचे।

गुरु हरिकृष्ण पहले तो लोगों को अपने चरण स्पर्श किया चरणामृत दे देते थे, उसी के पीने से रोग मुक्त हो जाते थे। लेकिन जब भीड़ बढ़ने लगी तो उन्होंने बंगले में एक हौज बनवाया। सुबह होते ही उस हौज में पानी भर दिया जाता था। गुरुजी उस जल को अपने चरणों से छू देते थे।

रोगी हौज में से जल लेकर स्नान करते थे। उसे पीते थे और दो–चार दिन में ही रोग मुक्त हो जाते थे।

गुरु हरिकृष्ण को दिल्ली में रहते हुए कई दिन बीत गए, लेकिन औरंगज़ेब ने उन्हें अपने दरबार में नहीं बुलाया और न स्वयं ही उनसे मिलने आया। गुरु हरिकृष्ण जी औरंगज़ेब की ओर से बिलकुल चिन्तित नहीं थे, न उनके मन में भय की भावना ही थी। वह हर संकट का सामना करने के लिए तैयार थे।

दिल्ली और आस–पास के इलाके में रहने वाले चेचक के रोगियों को रोगमुक्त करने वाले गुरु हरिकृष्ण एक दिन स्वयं ही इस रोग से ग्रस्त हो गए। उनके सारे शरीर पर चेचक के दाने निकल आए।

उनकी हालत देखकर यमुना नदी के किनारे एक शिविर की स्थापना

की गई और गुरु हरिकृष्ण को वहां रखा गया।

लोगों ने प्रार्थना की–"गुरुजी, आपने सैकड़ों लोगों को रोग मुक्त किया है फिर आप—आप तो सब कुछ कर सकते हैं।"

"मैं दूसरों की भलाई के लिए गुरुओं की कृपा से प्राप्त शक्तियों का उपयोग कर सकता हूं, लेकिन अपने लिए नहीं।" गुरु हरिकृष्ण ने मुस्कुराते हुए कहा।

वह ईश्वर की इच्छा में हस्तक्षेप नहीं करना चाहते थे। गुरुओं का यह आदेश भी था और सिद्धान्त भी था।

यमुना किनारे के शिविर में रात–दिन लोगों की भीड़ लगी रहती थी। उनकी बीमारी के कारण सिक्ख समुदाय में चिन्ता और बेचैनी फैल गई थी। गुरुजी के आदेश से रात–दिन गुरुग्रन्थ साहब का पाठ होता रहता। शब्द–कीर्तन होता रहता। सिक्ख धर्म के विद्वान् धर्मोपदेश देते रहते।

वास्तव में गुरु हरिकृष्ण के बालपन पर अपने बड़े भाई के व्यवहार से गहरा आघात लगा था। उसका गुरुओं का विरोध और औरंगज़ेब की खुशामद बिलकुल पसन्द नहीं थी। लेकिन वह विवश थे। अपने पिता गुरु हरिराय के आदेश की अवहेलना वह करना नहीं चाहते थे।

एक सप्ताह तक गुरु हरिकृष्ण रोग शैय्या पर पड़े रहे। लेकिन उनके चेहरे पर पीड़ा के स्थान पर हर समय मुस्कान बिखरी रहती थी। वह जान गए थे कि उनका अन्तिम समय आ चुका है। वह अपनी पीड़ा प्रकट करके अपनी माताजी और अपने अनुयायियों आदि को दुःखी करना नहीं चाहते थे।

14 चैत्र, संवत् 1721

बुधवार का दिन था।

कई दिन से गुरु हरिकृष्ण ने बोलना बन्द कर दिया था।

उनकी माताजी और कुछ विश्वस्त अनुयायी चिन्तित मुद्रा में बिस्तर पर पड़े गुरु हरिकृष्ण जी की ओर टकटकी बांधे देख रहे थे। वे देख रहे थे कि दीपक की लौ धीरे–धीरे मन्द होती चली जा रही है।

"गुरुजी, आप अपने शिष्यों को किसके सहारे छोड़े जा रहे हैं? हमें कोई योग्य गुरु देकर जाइए, जो हमें रास्ता दिखा सके।" कुछ सिक्खों ने हाथ जोड़कर प्रार्थना की।

गुरु हरिकृष्ण ने धीरे से आंखें खोलीं और आदेश दिया एक नारियल और पांच पैसे लाओ।

सेवादार, गुरुदेव ने जो कुछ मंगाया था, ले आए।

गुरुजी ने सारी चीजें लेकर गुरुओं का स्मरण किया और उन चीजों के आगे अपना सिर झुकाया।

फिर उन चीजों को संगत को सौंपकर लेट गए।

कुछ देर बाद उन्होंने आंखें खोलकर आसपास खड़े सिक्खों पर एक नजर डाली और फिर आंखें मूंद लीं।

"गुरु बाबा बकाले।"

उनके मुख से अन्तिम शब्द निकले और फिर उनकी आत्मा नश्वर शरीर को त्यागकर परमात्मा में लीन हो गई।

❑

गुरु तेगबहादुर

वैशाख बदी पंचमी संवत् 1678 को गुरु हरगोविन्दजी की पत्नी नानकी ने एक बेटे को जन्म दिया, जिसका नाम तेगबहादुर रखा गया।

उन दिनों गुरु हरगोविन्द अमृतसर में निवास कर रहे थे।

गुरु हरगोविन्द ने मुग़ल शासकों के अत्याचारों से टक्कर लेने के लिए सिक्खों में भक्ति के साथ-साथ शक्ति की भावना भी भर दी थी। धर्मशास्त्रों के अध्ययन के साथ-साथ घुड़सवारी, युद्धकला और शस्त्रविद्या भी आवश्यक कर दी थी। उन्होंने अपने पुत्रों को भी बचपन से ही धर्म की शिक्षा के साथ शस्त्र शिक्षा सीखने की भी व्यवस्था की थी। तेगबहादुर ने अपने अन्य भाइयों की अपेक्षा बहुत ही कम समय में सभी प्रकार के शस्त्रों का संचालन और युद्ध विद्या सीख ली थी।

लेकिन उनका मन ईश्वर की आराधना में अधिक लगता था। वह घंटों समाधि लगाए ईश्वर का चिन्तन करते रहते थे।

उन्हीं दिनों मुग़ल सेना ने कीरतपुर पर आक्रमण कर दिया। छोटी-सी उम्र में ही तेगबहादुर ने युद्ध में वह पराक्रम दिखाया कि बड़े-बड़े योद्धा आश्चर्यचकित रह गए।

उनका विवाह तेरह वर्ष की आयु में ही करतारपुर निवासी भाई लालचंद की पुत्री गूजरी के साथ कर दिया गया।

कीरतपुर छोड़कर आप बाबा बकाला में रहने लगे। वहीं एकान्त में ईश्वर उपासना करने लगे।

गुरु हरिकृष्ण के देहावसान के बाद रामराय और धीरमल के अलावा सोढ़ी परिवार के कई लोगों ने अपने-आपको गुरु घोषित कर दिया क्योंकि गुरु हरिकृष्ण के मुंह से अन्तिम समय में 'बाबा बकाले' निकला था, इसलिए इन सबने बकाले में आकर डेरे जमा लिए। वे सब अपना-

अपना दीवान सजाते। गुरुओं की तरह गद्दी पर बैठते और धर्मोपदेश देते। गुरु हरिकृष्ण के अन्तिम शब्दों के अनुसार, सिक्ख बकाले में आकर गुरु की खोज करने लगे। वे उन सब स्वयं–भू गुरुओं के पास जाते, उनके उपदेश सुनते, भेंट चढ़ाते लेकिन यह निर्णय न कर पाते कि उनमें से वह वास्तविक गुरु कौन है जिसकी ओर गुरु हरिकृष्ण ने संकेत किया था, क्योंकि हर व्यक्ति अपने–आपको गुरु बताता था।

उन दिनों मक्खनशाह लुबाना नाम का एक व्यापारी था। उसका व्यापार कई बाहरी देशों तक फैला हुआ था। वह जहाजों में माल लादकर विदेशों में व्यापार करने जाया करता था।

एक बार उसका माल से लदा जहाज समुद्र में जा रहा था कि अचानक भयंकर तूफान आ गया। उस भयंकर तूफान के थपेड़ों से जहाज कांपने लगा। जहाज में सवार लोगों को विश्वास हो गया कि किसी भी क्षण जहाज डूब जायेगा और वे सब जल समाधि ले लेंगे।

मक्खनशाह गुरु नानक देव जी का भक्त था। जहाज की हालत देखकर और जहाज में सवार स्त्रियों, पुरुषों और बच्चों के रोने–चीखने की आवाजें सुनकर उसने गुरुनानक का स्मरण किया और प्रतिज्ञा की कि यदि उसका जहाज डूबने से बचकर किनारे पर पहुंच गया तो वह पांच सौ मोहरें गुरु गद्दी पर भेंट चढ़ाएगा।

उसकी प्रार्थना अभी पूरी नहीं हुई थी कि तूफानी थपेड़ों में डगमगाता जहाज चट्टान की तरह अडिग हो गया। और फिर एक टापू के पास पहुंचकर रुक गया। समुद्र में भयंकर तूफान आया हुआ था, लेकिन जहाज किसी विशाल चट्टान की तरह बिना हिले–डुले इस तरह खड़ा था जैसे हजारों हाथों ने उसे थाम रखा हो। हजारों कन्धों ने उसे उठा रखा हो।

मक्खनशाह सकुशल अपने घर पहुंच गया। और गुरु की खोज करने लगा ताकि पांच सौ मुहरें गुरु गद्दी पर चढ़ाकर अपना वचन पूरा कर सके।

उसे पता चला कि गुरु हरिकृष्ण तो स्वर्ग सिधार चुके हैं और नए गुरु बकाले में रहते हैं।

मक्खनशाह पांच सौ मुहरें लेकर बकाले पहुंच गया।

लेकिन वहां पहुंचकर हैरान रह गया। बकाले में 22 गद्दियां सजाए बाईस लोग अपने आपको गुरु होने का दावा कर रहे थे।

मक्खनशाह चतुर व्यापारी था। उसने सोचा जितने भी लोग गुरु बने बैठे हैं हर एक को पांच–पांच अशर्फियां चढ़ाई जायें। अगर इनमें से वास्तव में कोई गुरु होगा तो खुद ही बाकी अशर्फियां मांग लेगा।

उसने ऐसा ही किया। वह हर नामधारी गुरु के पास गया और पांच–पांच अशर्फियां उन्हें भेंट करता गया।

जब किसी ने भी बाकी अशर्फियों का तकाज़ा नहीं किया तो मक्खनशाह बहुत निराश हुआ। उसने लोगों से पूछा, "क्या गुरु के वंश का कोई और भी व्यक्ति बकाले में रहता है?"

लोगों ने बताया कि एक गुफा में गुरु हरगोविन्द का पुत्र तेगबहादुर रहता है। उसने घर में ही जमीन के अन्दर एक गुफा–सी बना ली है। रात–दिन उसी में पड़ा भगवान का भजन करता रहता है।

मक्खनशाह वहां पहुंचा। तेगबहादुर समाधि लगाए बैठे थे। मक्खनशाह समाधि समाप्त होने की प्रतीक्षा में वहीं बैठ गया।

कुछ देर बाद तेगबहादुर ने आंखें खोल दीं तो मक्खनशाह ने अन्य स्वनामधारी गुरुओं की तरह पांच अशर्फियां उनके चरणों में भी रख दीं।

"मक्खनशाह, मेरी पीठ देखो," तेगबहादुर ने अपनी पीठ की ओर इशारा किया।

मक्खन शाह ने देखा, तेगबहादुर की पीठ में कीलों के धंसने से घाव हो गए थें जिनसे खून रिस रहा था।

श्री तेगबहादुर ने कहा, "मक्खनशाह, जब तुम्हारा जहाज डूबने जा रहा था, तुमने पांच सौ अशर्फियां भेंट करने की प्रतिज्ञा की थी। लेकिन अब पांच अशर्फियां दिखा रहे हो?"

तेगबहादुर की बात सुनकर मक्खनशाह की खुशी की सीमा न रही। वह मकान की छत पर चढ़ गया और जोर–जोर से चिल्लाने लगा—"गुरु मिल गया......गुरु मिल गया।"

उसकी चीख–पुकार सुनकर लोग उस ओर भाग छूटे। जब मक्खन शाह ने पूरी घटना सुनाई तो लोगों ने स्वीकार कर लिया कि गुरु हरगोविन्द के पुत्र तेगबहादुर ही गुरु गद्दी के वास्तविक अधिकारी हैं।

बकाला की सिक्ख संगत ने यह समाचार दूर–दूर तक भेज दिया। सिक्खों की भीड़ बकाला में इकट्ठी होने लगी। सारा शहर गुरु तेगबहादुर की जय–जयकार से गूंज उठा। लोगों की भीड़ उनके दर्शनों के लिए टूट पड़ी।

धीरमल यह सब देख सुनकर क्रोध से पागल हो उठा। उसने अपने कुछ लोगों के साथ तेगबहादुर के घर पर धावा बोल दिया और सिक्खों ने भेंट में जो रुपए, अशर्फियां और मूल्यवान वस्तुएं भेंट चढ़ाई थीं, उन्हें लूटकर ले गया।

लेकिन जब इस बात का पता मक्खनशाह को चला तो उसने बहुत से सिक्खों और अपने हथियार बंद नौकरों के साथ धीरमल के मकान को घेर लिया। लोगों ने रामराय और उसके साथियों को बुरी तरह मारा–पीटा और उसे व्यास नदी की ओर खदेड़ दिया। उसके पास गुरु ग्रन्थ साहब की जो बीड़ थी वह भी उससे छीन ली और तेगबहादुर के सामान के साथ उसके घर का भी सारा सामान लूटकर तेगबहादुर के घर पहुंचा दिया।

गुरु के मिल जाने का समाचार पाकर दिल्ली से वे सिक्ख भी बकाले पहुंच गए जिन्हें गुरु हरिकृष्ण ने नारियल और पांच पैसे सौंपे थे।

थोड़े ही दिनों में दूर–दूर के सिक्ख भी बकाले पहुंच गए और चैत्र सुदी 14, संवत् 1721 को तेगबहादुर को गुरु गद्दी पर परम्परा के अनुसार प्रतिष्ठित कर दिया।

कुछ दिन बकाले में रहने के बाद गुरु तेगबहादुर मक्खनशाह और अन्य सिक्खों के साथ अमृतसर चले गए। वे लोग हरमन्दिर में दर्शन करने के लिए जाना चाहते थे लेकिन हरमन्दिर के स्वयं–भू पुजारी हरजी सोढ़ी ने मन्दिर के दरवाजे बन्द करा दिए। उसे डर था कि गुरु तेगबहादुर मन्दिर पर अधिकार कर लेंगे और उसे यहां से जाना पड़ेगा। वह मन्दिर में प्रतिदिन आने वाले चढ़ावे की आमदनी से हाथ धोना नहीं चाहता था।

गुरु तेगबहादुर के साथियों ने जब बलपूर्वक मन्दिर का द्वार खुलवाने का मश्वरा दिया तो उन्होंने मना कर दिया और अमृतसर के निकट बल्ला गांव में चले आए।

अमृतसर में गुरु तेगबहादुर एक बेरी के पेड़ के नीचे बने एक

चबूतरे पर ठहरे थे। उस स्मृति में वहां एक शानदार गुरुद्वारा बनवाया गया, जिसे गुरुद्वारा थड़ा साहब के नाम से पुकारा जाता है।

बल्ला गांव में भी एक गुरुद्वारा बनंवाया गया, जिसे गुरुद्वारा कोठा साहिब कहते हैं।

कुछ दिनों बल्ला में रहने के बाद गुरु तेगबहादुर बकाले लौट आए।

लेकिन बकाले में उनके परिवार के लोगों ने, जो अपने–आपको गुरु गद्दी का वारिस समझते थे, गुरु तेगबहादुर को परेशान करना शुरू कर दिया।

गुरु तेगबहादुर ने निश्चय किया कि वह पूरे भारत की यात्रा करेंगे और गुरु नानक का संदेश देश के इस छोर से उस दौर तक पहुंचायेंगे।

और यह निश्चय करके वह सपरिवार अपने कुछ विश्वस्त अनुयायियों के साथ देश भ्रमण पर निकल पड़े।

कतलूर राज्य के भागोवाल गांव में पहुंचे। ये गांव पहाड़ों की गोद में बसा हुआ था। गांव के चारों ओर बिखरे प्राकृतिक सौन्दर्य को देखकर उन्होंने वहां के राजा से वह गांव खरीद लिया और वहां आनन्दपुर नामक एक नया नगर बसाया। इसी आनन्दपुर को बाद में गुरु गोविन्द सिंह ने अपनी राजधानी बनाया था।

छह महीने आनन्दपुर में रहने के बाद वह फिर अपने परिवार और अपने कुछ विश्वस्त शिष्यों के साथ यात्रा पर चल दिए। वह जहां भी जाते लोग बड़े उत्साह और उल्लास से उनका स्वागत करते।

दिल्ली, मथुरा, वृन्दावन, आगरा, इटावा, और कानपुर आदि नगरों में गुरु नानक का संदेश सुनाते हुए वह प्रयाग पहुंच गए। उन दिनों वहां कुम्भ का मेला लगा था। उसमें उन्होंने गुरु नानक के सन्देश को जन–जन तक पहुंचाने का प्रयास किया। उनकी कीर्ति दूर–दूर तक फैलती चली गई।

छह महीने प्रयाग में रहने के बाद वह सपरिवार पटना पहुंच गए।

उन दिनों माता गूजरी गर्भवती थीं। इसलिए गुरु तेगबहादुर ने पटना में रहने का निश्चय कर लिया।

संयोग से पटना का एक सेठ उनसे इतना प्रभावित हुआ कि उसने आलमगंज की अपनी हवेली गुरुजी को अर्पित कर दी। गुरु तेगबहादुर सपरिवार उसी हवेली में रहकर गुरु नानक की वाणी का प्रचार करने लगे।

लेकिन कुछ दिनों बाद वह अपने परिवार को पटना छोड़कर आगे की यात्रा पर चल दिए।

गुरु तेगबहादुर ने ढाका और असम तक की यात्रा की और चार वर्ष के बाद पटना वापस पहुंचे।

इस बीच माता गूजरी एक पुत्र को जन्म दे चुकी थीं। गुरु तेगबहादुर के आदेश पर शिशु का नाम गोविन्द रखा गया।

गुरु तेगबहादुर की असम यात्रा के समय दो महत्त्वपूर्ण घटनाएं हुईं। बिहार और बंगाल की सीमा पर कूच बिहार नाम का राज्य था, जो असम तक फैला हुआ था। पहले यह राज्य दिल्ली के मुग़ल शासक को हर वर्ष कर के रूप में एक भारी रकम दिया करता था। लेकिन अचानक ही राजा ने कर देना बंद कर दिया। शहंशाह औरंगज़ेब ने दो–चार बार कर वसूल करने के लिए अपने कर्मचारियों को भेजा लेकिन राजा ने कर देने से साफ इनकार कर दिया। यही नहीं, जो लोग कर वसूल करने गए थे उनमें से कुछ को मार डाला और कुछ बचकर भाग गए।

जब बचे–खुचे कर्मचारियों ने दिल्ली पहुंचकर औरंगज़ेब को इस बात की सूचना दी तो वह क्रोध से तिलमिला उठा। उसने जयपुर के महाराजा सवाई जयसिंह के पुत्र सवाई राजा रामसिंह के सेनापतित्व में एक बड़ी सेना भेज दी। उसने राजा रामसिंह को आदेश दिया कि कूच बिहार राज्य को हमेशा के लिए मुग़ल सल्तनत में मिला लिया जाए। अगर राजा जिन्दा बच जाए तो उसे कैद करके दिल्ली दरबार में पेश किया जाए।

सवाई राजा रामसिंह एक विशाल सेना लेकर कूच बिहार की ओर चल पड़ा।

उन दिनों गुरु तेगबहादुर असम में ही थे। असम के राजा ने उनका भव्य स्वागत किया था और राजकीय अतिथि के समान उनके ठहरने की समुचित व्यवस्था की थी।

असम के राजा के कोई पुत्र नहीं था। जब उसे गुरु तेगबहादुर की महानता का पता लगा, तो वह गुरु के पास पहुंचा और उनके चरण स्पर्श करके अपना दुःख कह सुनाया।

राजा की प्रार्थना सुनकर गुरु तेगबहादुर द्रवित हो उठे। उन्होंने

उसे आशीर्वाद देते हुए कहा, ''राजन, दुःखी होने की आवश्यकता नहीं है। तुम निःसन्तान नहीं रहोगे। शीघ्र ही तुम्हारे घर एक यशस्वी पुत्र जन्म लेगा।''

गुरु तेगबहादुर के आशीर्वाद से कुछ दिनों बाद रानी ने एक पुत्र को जन्म दिया। राजा ने उसका नाम रत्नराय रखा। जब रत्नराय बड़ा हुआ और उसे पता चला कि उसका जन्म गुरु तेगबहादुर के आशीर्वाद से हुआ था।

उस समय तक गुरु तेगबहादुर शहीद हो चुके थे। वह कई हाथी और पांच अनमोल वस्तुएं लेकर आनन्दपुर पहुंचा और उसने गुरु गोविन्द सिंह के चरणों में ढेर सारी भेंटों के साथ वे हाथी और अनमोल वस्तुएं समर्पित कर दीं।

गुरु गोविन्द सिंह ने अपने ग्रन्थ 'विचित्र जीवन' में इस घटना का बहुत ही मार्मिक वर्णन किया है।

सवाई राजा रामसिंह ने अपनी सेना सहित गोहाटी में ब्रह्मपुत्र नदी के पार पड़ाव डाला और गुरु तेगबहादुर के ढाका से आने की प्रतीक्षा करने लगा।

गुरु तेगबहादुर सवाई राजा रामसिंह का सन्देश पाते ही ढाका से चल पड़े। उन्होंने ब्रह्मपुत्र नदी के दूसरे किनारे पर घुवड़ी नामक नगर में अपना डेरा डाला।

सवाई राजा रामसिंह ने घुवड़ी आकर गुरु तेगबहादुर के दर्शन किए और इस अभियान में सफलता के लिए आशीर्वाद मांगा।

कूच बिहार का वह एक छोटा-सा राज्य था। वहां का राजा सवाई राजा रामसिंह की विशाल सेना को देखकर भयभीत हो उठा और जब उसने सुना कि मुगल सेनापति के साथ गुरु तेगबहादुर भी हैं-तो उनकी रही सही हिम्मत भी टूट गई। वह समझ गया कि जिस व्यक्ति के साथ गुरु तेगबहादुर हैं, उससे वह किसी भी दशा में टक्कर नहीं ले पायेगा।

काफी सोच-विचार करने के बाद, वह गुरु तेगबहादुर की शरण में पहुंचा और उनसे प्रार्थना की कि वह किसी भी प्रकार से मुग़ल शहंशाह औरंगज़ेब के कोप से उसकी रक्षा करें।

गुरु तेगबहादुर बहुत ही शान्ति प्रिय थे। वह स्वयं नहीं चाहते थे कि अकारण सैकड़ों लोग युद्ध की भेंट चढ़ जायें। उन्होंने सवाई

राजा रामसिंह को समझाया कि आपस में सुलह कर लीजिए। सवाई राजा रामसिंह और असम के राजा ने उनकी सलाह मान ली। दोनों के बीच सन्धि हो गई। लेकिन जब राज्य की सीमा निर्धारित करने का समय आया तो दोनों अपनी-अपनी बात पर अड़ गए।

यह देखकर गुरु तेगबहादुर ने अपनी कटार निकाली और जोर से उछाल दी। कटार एक स्थान पर धरती में जा धंसी।

गुरु तेगबहादुर ने सवाई राजा रामसिंह और असम के राजा से कहा कि यहां आपके राज्य की सीमा है।

गुरु तेगबहादुर के इस निर्णय को दोनों ने स्वीकार कर लिया और इस प्रकार एक भयानक नर संहार होते-होते बच गया।

❑❑

असम से बंगाल के अनेक नगरों की यात्रा करते हुए गुरु तेगबहादुर पटना पहुंच गए।

उनका पुत्र गोविन्द चार वर्ष का हो गया था। उसे देखते ही पिता के आनन्द की सीमा न रही। पुत्र के चेहरे पर एक आलौकिक आभा थी। उसे देखकर गुरु तेगबहादुर समझ गए कि उन्हें अपना वास्तविक उत्तराधिकारी मिल गया है।

वह कुछ दिनों पटना में रहे और अपनी अमृतवाणी से जन-साधारण को कृतार्थ करते रहे।

मुग़ल शहंशाह औरंगज़ेब के अत्याचारों से सारा देश कराह उठा था। उसने हिन्दुओं पर अनुचित टैक्स ही नहीं लगाए, हजारों मन्दिरों को भूमिसात करके वहां मस्जिदें बनवाईं। अनेक धार्मिक स्थानों को नष्ट कर दिया। हजारों हिन्दुओं को तलवार के जोर पर मुसलमान बनाया। हिन्दुओं का धर्म ही नहीं, उनका जीवन भी संकट में पड़ गया।

पूरे देश में पंजाब, और कश्मीर की हालत बहुत ही दयनीय हो गई थी। वहां मुसलमान जिस सुन्दर स्त्री को देखते जबरदस्ती उठा ले जाते। हिन्दुओं के धर्म स्थानों को अपवित्र कर देते। सरेआम गौ हत्या करते और जो भी विरोध करता, उसे मौत के घाट उतार देते।

औरंगज़ेब की हिन्दू विरोधी नीति से सारे देश में हाहाकार मच गया था।

गुरु तेगबहादुर के पास पंजाब में हिन्दुओं और सिक्खों पर होने वाले अत्याचारों की सूचनाएं पहुंच रही थीं। उन्हें पंजाब छोड़े कई वर्ष बीत चुके थे।

उन्होंने पंजाब आने का निर्णय लिया। अपने परिवार को पटना में ही छोड़कर वह पंजाब के लिए रवाना हो गए। उनके साथ सवाई राजा रामसिंह भी थे, इसलिए औरंगज़ेब के मुस्लिम अधिकारियों ने गुरु तेगबहादुर के पंजाब आने में कोई बाधा नहीं डाली। और उन्हीं के कारण जब गुरु तेगबहादुर आनन्द पुर पहुंच गए तो उनके परिवार के वे लोग भी शान्त होकर बैठ गए जो आरम्भ से ही उनका विरोध करते रहे थे।

गुरु तेगबहादुर फिर पहले की तरह दीवान सजाने लगे। दूर–दूर के सिक्ख संगतें उनके धर्मोपदेश सुनने के लिए आने लगीं। आनन्द पुर का वातावरण एकदम शान्त था। कहीं कोई खतरा दिखाई नहीं दे रहा था।

उन्होंने अपने कुछ विश्वस्त सेवादारों को भेजकर अपने परिवार को दिल्ली बुला लिया।

अचानक एक दिन कुछ कश्मीरी ब्राह्मण उनके पास पहुंचे। उन्होंने उन लोगों का सम्मानपूर्ण स्वागत किया और आने का कारण पूछा।

"गुरुजी, हम लोग कश्मीर से आ रहे हैं। हम लोग ही नहीं कश्मीर में रहने वाले सभी हिन्दुओं की धन–सम्पत्ति, मान–सम्मान, जीवन और धर्म खतरे में पड़ गया है। अब तो केवल आपका ही आसरा है। आप ही हमारे दुःखों का निवारण कर सकते हैं।" पंडितों ने हाथ जोड़कर कहा।

"ऐसा क्यों है?"

"गुरुजी, आप तो औरंगज़ेब और उसकी हिन्दू विरोधी अत्याचारी नीतियों को अच्छी तरह जानते हैं। उसने कश्मीर के सूबेदार शेर अफगन को हुक्मनामा भेजा है कि कश्मीर में रहने वाले सभी हिन्दुओं को जबरदस्ती मुसलमान बना लिया जाए। जो मुसलमान बनने से इनकार करे या शाही हुक्म की मुखालफत करे, उसे तत्काल मौत के घाट उतार दिया जाए। उसके इस हुक्मनामे ने कश्मीर के हिन्दुओं का जीना हराम कर दिया है। सिक्ख गुरुओं ने हिन्दू धर्म की हमेशा रक्षा की है। हम इसी आशा

और विश्वास के साथ आपसे प्रार्थना कर रहे हैं कि हमें इस सर्वनाश से बचाइए।''

कश्मीरी पंडितों के मुंह से यह सुनकर गुरु तेगबहादुर गहरी सोच में डूब गए। औरंगज़ेब देश का शासक था। एक शासक का धार्मिक पक्षपात और तलवार के जोर से दूसरों के धर्म को छीनने और अपने धर्म में शामिल करने की नीति उन्हें बिलकुल पसन्द नहीं थी। गुरु नानक देव से लेकर जितने भी गुरु हुए थे उन्होंने धार्मिक भेदभाव को कभी महत्त्व नहीं दिया था। उनकी नजर में सभी धर्म एक समान थे।

गुरु तेगबहादुर देश की स्थिति से भली–भांति परिचित थे। उन्होंने कश्मीरी पंडितों को दिलासा दिया और कहा, ''आप लोग निश्चिन्त होकर अपने–अपने घर जाइए। जब सूबेदार शेर अफगन आप पर मुसलमान बनने के लिए जोर डाले तो आप उससे निर्भीक होकर कह दीजिएगा कि अगर गुरु तेगबहादुर मुसलमान बनना स्वीकार कर लें तो हम लोग भी इस्लाम धर्म स्वीकार कर लेंगे।''

कश्मीरी पंडितों को गुरु तेगबहादुर पर पूर्ण विश्वास था कि इस अचानक संकट से वे ही उन्हें मुक्ति दिला सकते हैं। गुरु तेगबहादुर के आश्वासन ने उनमें एक नया साहस पैदा कर दिया। वे निश्चिन्त होकर अपने–अपने घर चले गए।

❑❑

कुछ दिनों बाद एक दिन सूबेदार शेर अफगान ने अपने सैनिकों को भेजकर फिर पंडितों को बुलवा लिया और उनपर मुसलमान बनने के लिए दवाब डालने लगा।

पंडितों ने निडरता से उत्तर दिया, ''अगर सिक्खों के नौवें गुरु, गुरु तेगबहादुर मुसलमान बनना स्वीकार कर लेंगे तो हम लोग भी मुसलमान बन जायेंगे।''

पंडितों का उत्तर सुनकर शेर अफगन क्रोध से तमतमा उठा। उसने उसी समय औरंगज़ेब के पास एक लम्बा खरीता लिखकर भेज दिया कि सिक्खों का गुरु तेगबहादुर दीने इस्लाम को फैलाने में रुकावट डाल रहा है। वह हिन्दुओं को मुसलमान बनने से रोक रहा है। यह शाही

हुक्म के खिलाफ खुली बगावत है। उसके अनुयायी सिक्ख भी हिन्दुओं को मुसलमान बनने से रोक रहे हैं। इसलिए गुरु तेगबहादुर को सख्त सजा दी जाए ताकि वह दीने इस्लाम के रास्ते में रोड़ा न अटकाएं। उसने कश्मीरी पंडितों से कहा है कि अगर वह मुसलमान बन जायेगा तो कश्मीरी पंडित भी मुसलमान बन जायेंगे। इसलिए उसे मुसलमान बनने पर मजबूर किया जाए।

औरंगज़ेब तो पहले से ही गुरु तेगबहादुर को इस्लाम का दुश्मन मानता था। वह कट्टर मुसलमान था। उसने तय कर रखा था कि वह बहुत जल्दी पूरे भारतवर्ष को मुसलमान बना देगा। वह जानता था कि अगर तेगबहादुर मुसलमान बन गए तो सारे देश में फैले उनके अनुयायी भी इस्लाम धर्म स्वीकार कर लेंगे।

उसने अपनी सेना की एक टुकड़ी आनन्दपुर भेज दी कि वह किसी भी तरह गुरु तेगबहादुर को दिल्ली ले आए।

औरंगज़ेब का सन्देश पाकर गुरु तेगबहादुर सोच में पड़ गए। फिर उन्होंने संगत को औरंगज़ेब के संदेश के बारे में बताते हुए कहा, ''समय आ गया है कि कोई पुण्यात्मा हिन्दू धर्म की रक्षा के लिए अपना बलिदान दे।''

''पिताजी, इस समय देश में आपसे बढ़कर पुण्यात्मा और कौन है? पास ही बैठे उनके पुत्र गोविन्द राय ने कहा।''

गुरु तेगबहादुर ने एक प्रशंसाभरी नजर अपने पुत्र पर डाली और फिर बोले, ''तुम ठीक कहते हो बेटे! धर्म की रक्षा के लिए मैं अपने प्राणों की बलि दे दूंगा।''

गुरु तेगबहादुर का निर्णय सुनकर संगत में सन्नाटा छा गया।

गुरु तेगबहादुर ने गंभीर स्वर में कहा, ''मैं दिल्ली जा रहा हूं। अब गोविन्द राय ही मेरे अधूरे कामों को पूरा करेगा। आप लोग शुभ मुहूर्त में इसे गुरु गद्दी पर प्रतिष्ठित कर दें।''

उन्होंने अपने कुछ विश्वस्त अनुयायियों को गोविन्द राय की देखभाल करने और पंथ के कार्य को चलाते रहने के लिए नियुक्त कर दिया और फिर एक दिन अपने दस विश्वस्त साथियों के साथ दिल्ली की ओर चल पड़े।

उन दिनों औरंगज़ेब आगरा में था। इसलिए गुरु तेगबहादुर ने आगरा जाने का निश्चय कर लिया।

रास्ते में वह रोपड़ में ठहरे। रोपड़ का पठान शासक उनका भक्त था। उसने गुरु तेगबहादुर का शानदार स्वागत किया और अपने किले में ले आया।

जब उसे गुरु तेगबहादुर के आगरा जाने के बारे में पता चला तो उसने कहा, ''गुरुजी, मैं आपको औरंगज़ेब के पास नहीं जाने दूंगा। वह बहुत ही मक्कार और जालिम है। वह आपकी वही दशा करेगा, जो जहांगीर ने गुरु अर्जुनदेव की की थी। आप यहां रहिए। जबतक मैं और मेरे खानदान का एक बच्चा भी जिन्दा रहेगा औरंगज़ेब आपकी परछाईं तक को नहीं छू पायेगा।''

''नहीं, अभी वह समय नहीं आया। तुम मेरी चिन्ता मत करो।'' गुरु तेगबहादुर ने उसे शांत करते हुए कहा।

औरंगज़ेब ने जिस समय गुरु तेगबहादुर के पास सन्देश भेजा था उन दिनों वह आगरा में था इसलिए वह आगरा पहुंच गये।

आगरा पहुंचकर उन्होंने भाई मतीदास, भाई गुर दित्ता, भाई दयाला, भाई ऊदा और भाई चीमाजी को तो अपने पास रोक लिया और शेष पांचों सिक्खों से कहा कि वे पंजाब वापिस चले जायें।

गुरु तेगबहादुर आगरा से पांच मील दूर अपने पांचों शिष्यों के साथ ठहरे हुए थे। जब से वह पंजाब से चले थे, तभी से औरंगज़ेब के जासूसों की उनपर नजर थी। उन दिनों औरंगज़ेब दिल्ली में था। आगरा के किले के किलेदार हसनअली को गुरु तेगबहादुर के आने की सूचना मिल गई। वह उसी समय सेना की एक टुकड़ी लेकर उस बाग में पहुंच गया और गुरु तेगबहादुर तथा उनके पांचों शिष्यों को गिरफ्तार करके आगरा ले आया।

कुछ दिन बाद उसने बारह सौ घुड़सवार सेनिकों के साथ गुरु तेगबहादुर और उनके पांचों शिष्यों को दिल्ली भिजवा दिया।

❑❑

गुरु तेगबहादुर दिल्ली पहुंचे तो उन्हें और उनके पांचों शिष्यों को एक हवेली में नजरबन्द करके हवेली के चारों ओर कड़ा पहरा लगा दिया गया। न तो वे लोग हवेली से बाहर जा सकते थे और न हवेली में उनसे मिलने के लिए कोई आ सकता था।

औरंगज़ेब ने कुछ काजियों और सेना के अधिकारियों को उस हवेली में गुरु तेगबहादुर के पास भेजा। काजियों ने उनसे कहा कि वह इस्लाम धर्म कबूल कर लें ताकि इस देश के दूसरे हिन्दू भी मुसलमान बन जायें।

लेकिन गुरु तेगबहादुर ने बड़ी निर्भीकता से इनकार करते हुए कहा, "मैं अपने प्राण दे सकता हूं लेकिन धर्म नहीं। वैसे मेरी नजर में सारे धर्म एक समान हैं।"

काजियों ने गुरु तेगबहादुर के पांचों शिष्यों को तरह–तरह के सब्जबाग दिखाए लेकिन वे टस–से–मस नहीं हुए। उन्होंने स्पष्ट शब्दों में अपना धर्म छोड़ने से इनकार कर दिया।

निराश होकर काजी वापिस चले गए।

जब औरंगज़ेब ने गुरु तेगबहादुर का उत्तर सुना तो उसके तनबदन में आग लग गई। उसने हुक्म दिया कि चांदनी चौक में कोतवाली के सामने लोहे की सलाखों का एक पिंजड़ा बनवाकर उसमें गुरु तेगबहादुर को कैद कर दिया जाए। और फिर उन्हीं के सामने उनके पांचों शिष्यों को इतनी बेरहमी से मारा जाए कि वह मौत से डरकर ही इस्लाम कबूल करने पर मजबूर हो जाएं।

ऐसा ही किया गया। लोहे की सलाखों का एक ऐसा पिंजड़ा बनवाया गया, जिसमें न तो गुरुजी खड़े हो सकते थे और न पांव फैलाकर लेट ही सकते थे। हर वक्त उन्हें बैठे ही रहना पड़ता था।

कोतवाली के सामने उस पिंजड़े को रखकर गुरु तेगबहादुर को उस पिंजड़े में बन्द कर दिया गया।

उन दिनों चांदनी चौक के बीचोबीच नहर बहती थी। कोतवाली के ठीक सामने नहर के उस पार एक चबूतरा बनवाया गया।

काजियों ने भाई मतीदास से कहा कि अगर वह इस्लाम धर्म स्वीकार कर ले तो उसकी शादी किसी नवाब की बेटी के साथ कर दी जायेगी और उसे किसी प्रदेश का सूबेदार बना दिया जायेगा। वरना उसे ऐसी भयानक सजा दी जायेगी कि मौत का कलेजा भी दहल जायेगा।

काजियों की बात सुनकर भाई मतीदास ने एक जोरदार ठहाका लगाकर कहा, "तुम जैसे ज़ालिमों से इससे ज्यादा और उम्मीद ही क्या की जा सकती है। तुम मेरे जिस्म की बोटियां उड़ा सकते हो लेकिन

मुझे अपना धर्म छोड़ने पर मजबूर नहीं कर सकते।''

''तो फिर ठीक है। हम तुम्हें आज रात भर सोचने का मौका और देते हैं। अगर कल सुबह तुमने इनकार किया तो आरे से तुम्हारे जिस्म के दो टुकड़े कर दिए जायेंगे।'' काजियों ने भाई मतीदास को धमकी दी और वहां से चले गए।

❑❑

दूसरे दिन काजी फिर भाई मतीदास के पास आए। लेकिन उन्होंने फिर वही उत्तर दोहरा दिया, जो पिछले दिन उन्होंने काजियों को दिया था।

लाचार होकर सारे शहर में मुनादी करा दी गई।

दिल्ली शहर की अधिकांश जनता औरंगज़ेब के अत्याचार का जीता-जागता उदाहरण देखने के लिए कोतवाली के सामने इकट्ठी हो गई।

भाई मतीदास को कैदखाने से निकालकर उस चबूतरे पर ले जाकर बैठा दिया गया।

काजियों ने भाई मतीदास को समझाने की एक बार फिर कोशिश की, लेकिन भाई मतीदास ने बड़ी/निर्भीकता से अपना पिछला उत्तर दोहरा दिया।

दो जल्लाद एक आंरा लेकर चबूतरे पर चढ़ गए और आरा उनके सिर के बीचोबीच रख दिया।

''मतीदास तुम्हारी कोई आखिरी ख्वाहिश हो तो बताओ।'' प्रधान काजी ने पूछा।

''मेरी सिर्फ एक ही ख्वाहिश है। और वह यह कि मुझे इस तरह बैठा दिया जाए कि जब मेरे सिर पर आरा चलाया जाए तो मेरा मुंह मेरे गुरुजी के सामने रहे। मैं उनके दर्शन करते-करते मरना चाहता हूं।''

भाई मतीदास की यह ख्वाहिश पूरी कर दी गई। उन्हें चबूतरे पर खड़ा करके एक खम्भे के साथ जंजीरों से जकड़ दिया गया और फिर दोनों जल्लादों ने आरा चलाना शुरू कर दिया।

भाई मतीदास शान्त भाव से जपुजी साहब का पाठ करने लगे।

थोड़ी देर में ही जल्लादों ने उनके शरीर के दो टुकड़े कर दिए।

पिंजड़े में कैद गुरु तेगबहादुर शहीद होते हुए अपने प्रिय शिष्य को देखते रहे। गुरु अर्जुन देव के बाद किसी सिक्ख ने हिन्दू धर्म की

रक्षा के लिए अपने प्राण निछावर किए थे।

❑❑

दूसरे दिन काजी भाई दयाला के पास पहुंचे। उन्हें भी काजियों ने वही लालच दिए जो उन्होंने भाई मतीदास को दिए थे, लेकिन भाई मतीदास की तरह ही भाई दयाला ने उनके सारे प्रस्ताव बड़ी निर्भीकता से ठुकरा दिए।

दूसरे दिन उसी चबूतरे के सामने एक बड़ी भट्ठी बनाकर उसपर एक बहुत बड़ा तांबे का देग रख दिया गया। फिर उसमें भाई दयाला को खड़ा कर दिया गया।

देग इतना बड़ा था कि खड़े होने पर भाई दयाला के कन्धे और सिर ही देग से ऊपर दिखाई दे रहे थे।

फिर देग में भाई दयाला की गर्दन तक पानी भरकर भट्ठी में लकड़ी के बड़े–बड़े कुन्दे डालकर आग लगा दी गई।

देग का पानी बड़ी तेजी से खौलने लगा।

भाई दयाला ने नहर के उस पार पिंजड़े में कैद अपने गुरुजी को प्रणाम किया और जपुजी साहब का पाठ करने लगे।

देग का पानी खौलने लगा। देग के मुंह से भाप निकलकर उड़ने लगी।

और फिर थोड़ी देर में ही भाई दयाला का पूरा शरीर उबल गया। उनकी आत्मा परमपिता परमात्मा में जाकर लीन हो गई।

❑❑

भाई मतीदास और भाई दयाला को इस प्रकार शहीद होते देख भाई ऊदा और भाई चीमाजी ने सोचा कि इस प्रकार मरने के बजाय युद्ध के मैदान में दुश्मन को मारते हुए मरना कहीं अच्छा है। उन्होंने अपना विचार गुरुजी को बताया तो उन्होंने उन्हें अनुमति दे दी कि अगर वह कैद से किसी तरह निकलकर भाग सकते हैं, तो भाग जायें।

भाई चीमाजी और ऊदाजी उसी रात मुगल पहरेदारों की आंख बचाकर हवेली से निकल आए और आनन्दपुर की ओर भाग गये। केवल भाई गुरुदित्ता ही गुरुजी के पास रह गए।

❑❑

अगले दिन काजी गुरु तेगबहादुर के पास पहुंचे और उन्हें समझाने की कोशिश करने लगे। लेकिन गुरुजी ने बड़ी निर्भीकता से कहा, "मैं सिर दे सकता हूं लेकिन धर्म नहीं दे सकता।"

दूसरे दिन कोतवाली के सामने आज जहां गुरुद्वारा शीशगंज है, ठीक उसी स्थान पर गुरु तेगबहादुर को पिंजड़े से निकालकर एक चबूतरे पर बैठा दिया गया।

गुरु तेगबहादुर बड़े शांत भाव से उस चबूतरे पर बैठकर अकाल पुरुष का सुमिरन करने लगे।

उस दिन चांदनी चौक में अपार भीड़ थी। मुगल सेना के सैकड़ों सैनिक वहां मौजूद थे ताकि कोई गड़बड़ न होने पाए।

जल्लाद ने गुरु तेगबहादुर की गर्दन को ताक कर ऐसी तलवार चलाई कि गुरुजी का सिर एक ही वार में धड़ से अलग हो गया।

औरंगज़ेब के हुक्म से गुरु तेगबहादुर के सिर और धड़ को उसी स्थान पर पड़ा रहने दिया गया ताकि शहर में रहने वाले हिन्दू इस दृश्य को देखकर भयभीत हो जाएं और स्वयं ही इस्लाम धर्म कबूल कर लें।

❑❑

जैसे ही गुरु तेगबहादुर का सिर धड़ से अलग हुआ था, आसपास खड़े लोगों में भगदड़ मच गई थी। उस भगदड़ का लाभ उठाकर दो सिक्ख उस स्थान पर पहुंच गए। एक सिक्ख का नाम था भाई जैता। उसने गुरुजी का सिर उठाकर अपनी चादर में छिपा लिया और शहर में फैली अफरा–तफरी का लाभ उठाकर शहर से निकल आनन्दपुर पहुंच गया।

उसने गुरु तेगबहादुर का सिर उनके पुत्र गोविन्द राय को सौंप दिया जिसका उन्होंने विधिवत् दाह–संस्कार, कर दिया।

लक्खीशाह बनजारा ने गुरुजी का धड़ उठा लिया और उसे घासफूस से भरी एक बैलगाड़ी में छिपा दिया और फिर उस बैलगाड़ी को हांकता हुआ उस स्थान पर पहुंच गया, जहां आजकल गुरुद्वारा रकाबगंज है। वहीं उसने अपनी झोंपड़ी में आग लगाकर गुरुजी के धड़ को अग्नि देवता के सुपुर्द कर दिया।

औरंगज़ेब की इस क्रूरता से सारा देश स्तब्ध रह गया था।

❑

गुरु गोविन्द सिंह

सिक्खों के नौवें गुरु तेगबहादुर और उनके शिष्यों के बलिदान ने सारे भारतवर्ष को झकझोर कर रख दिया था। मुग़ल सत्ता के प्रति हिन्दुओं के मन में आक्रोष का ज्वालामुखी फूट पड़ा था। मुग़ल साम्राज्य में स्थान–स्थान पर मुग़ल शासकों का विरोध होने लगा। उनके पुत्र गोविन्द राय ने जो सिक्खों के दसवें गुरु हुए, सिक्खों के नामों के साथ सिंह शब्द जोड़ दिया। वह स्वयं गोविन्द राय के बजाय गुरु गोविन्द सिंह के नाम से पुकारे जाने लगे।

गुरु गोविन्द सिंह ने अपने पिता तथा अन्य सिक्खों की इस बर्बरतापूर्ण हत्या का बदला लेने के लिए सिक्ख कौम को एक जंगजू और बहादुर कौम बनाने का दृढ़ संकल्प कर लिया। उन्होंने सिक्खों के मन में यह बात बैठा दी कि एक सिक्ख सवा लाख मुग़ल सैनिकों के बराबर होता है। उन्होंने सिक्खों में भक्ति के साथ शक्ति का समावेश कर दिया। देश में एक नई जागृति और चेतना के साथ–साथ विद्रोह की एक ऐसी ज्वाला धधका दी जिसने मुग़ल साम्राज्य की जड़ें हिला दीं। परिणामस्वरूप मुग़ल साम्राज्य में जितने भी सूबे थे, वे सब स्वाधीनता के सपने देखने लगे। हिन्दू राजाओं ने अपनी शक्ति बढ़ानी आरम्भ कर दी।

सिक्खों के दसवें और अन्तिम ग़ुरु ग़ुरु गोविन्द सिंह का जन्म पौष सुदी सप्तमी, संवत् 1723 तदनुसार 22 दिसम्बर, सन् 1966 को बिहार प्रान्त की राजधानी पटना में हुआ था।

जिस समय गुरु तेगबहादुर सिक्ख मत का प्रचार करने के लिए पश्चिम से पूर्व तक की यात्रा कर रहे थे, अपनी पत्नी गुजरी और माता नानकी को पटना छोड़ गए थे। उनकी देखभाल के लिए उन्होंने कुछ सेवादार नियुक्त कर दिए थे।

जिस समय गोविन्द राय का जन्म हुआ गुरु तेगबहादुर असम में थे। बंगाल और असम के अनेक नगरों और तीर्थ स्थानों की यात्रा करते हुए जब गुरु तेगबहादुर पटना पहुंचे तो उनका पुत्र गोविन्द राय चार वर्ष का हो चुका था। पुत्र का नाम उन्होंने पहले से ही निश्चित कर दिया था। असम की यात्रा पर जाते समय वह अपनी पत्नी और मां से कह गए थे कि जो पुत्र पैदा हो उसका नाम गोविन्द राय रखा जाए।

बचपन से ही गोविन्द राय का स्वभाव अन्य बालकों से अलग था। उस उम्र में जब बच्चे खिलौनों से खेलते थे वह तलवार, कटार और धनुष तथा भालों से खेला करते थे।

जब वह चलने–फिरने लगे यानी तीन वर्ष के हुए तो उन्होंने अपने साथी बालकों को सैनिक बनाकर युद्ध करने के खेल खेलने शुरू कर दिए। वह बच्चों को दो दलों में विभक्त कर देते और एक दल के स्वयं सेनापति बनकर दूसरे दल के सैनिकों से युद्ध करते।

वाण चलाने में वह बचपन से ही कुशल हो गए थे। उनकी हवेली के बाहरी हिस्से में एक कुआं था, जिस पर पड़ोस की स्त्रियां पानी भरने के लिए आया करती थीं। बालक गोविन्द राय छिपकर एक स्थान पर बैठ जाता और जैसे ही कोई स्त्री पानी से भरा घड़ा लेकर जाती वाण से उसका घड़ा फोड़ देता।

उन स्त्रियों ने बालक गोविन्द की इस शैतानी की शिकायत माता गुजरी से आकर कीं। माता गुजरी ने उन्हें पीतल के घड़े दे दिए। लेकिन बालक गोविन्द राय ने उन्हें भी निशाना बनाना शुरू कर दिया।

पटना में एक गुरुद्वारा है जिसका नाम भैणी साहब है। उस गुरुद्वारे में बालक गोविन्द राय के छोटे–छोटे खड़ाऊं, कपड़े, कटार और छोटा–सा धनुष और वाण अभी तक रखें हुए हैं।

पटना में रहते हुए ही बालक गोविन्द राय ने संस्कृत, और फारसी की शिक्षा प्राप्त कर ली थी। आनन्दपुर पहुंचने पर गुरु तेगबहादुर ने उनकी शिक्षा की समुचित व्यवस्था कर दी। थोड़े ही दिनों में उन्होंने संस्कृत, अरबी, फारसी और गुरुमुखी में पूर्णता प्राप्त कर ली।

संवत् 1731 में औरंगज़ेब के अत्याचारों से पीड़ित कश्मीरी पंडित गुरु तेगबहादुर के पास आए और उन्होंने अपनी विपद–कथ उन्हें सुनाई तो गुरु तेगबहादुर ने कहा, "किसी महापुरुष के सिर की आवश्यकता

है, तभी हिन्दू धर्म की रक्षा हो सकती है।''

तब गोविन्द राय ने निस्संकोच उत्तर दिया था, ''पिताजी, आपसे बड़ा महापुरुष इस संसार में और कौन हो सकता है।''

उस समय बालक गोविन्द राय की आयु केवल नौ वर्ष की थी। संसार के इतिहास में ऐसा एक भी उदाहरण नहीं मिलता जब धर्म की रक्षा के लिए नौ वर्ष के पुत्र ने अपने पिता को बलिदान की प्रेरणा दी हो।

गुरु तेगबहादुर के शहीद हो जाने के बाद वैशाख 3, संवत् 1733 को उन्हें गुरु गद्दी पर आसीन कर दिया गया।

गोविन्द राय जब पटना में रह रहे थे और उनकी आयु केवल चार वर्ष की थी लोग उन्हें चमत्कारी बालक समझने लगे थे। कुछ लोग उन्हें अवतार मानने लगे थे।

इस बात का अहसास सबसे पहले पटियाला राज्य के गुड़ाक गांव में रहने वाले साईं भीखन शाह को हुआ था। जिस समय गुरु गोविन्द सिंह ने जन्म लिया साईं भीखन शाह को आभास हो गया कि पटना में ईश्वरीय शक्ति ने अवतार लिया है। और इस बात का आभास होते ही साईं भीखन शाह पटना की ओर चल पड़े।

उस काल की असुविधाएं भरी इतनी लम्बी और दुरूह यात्रा तय करके जब वह गुरु गोविन्द सिंह के निवास स्थान पर पहुंचे और उन्होंने उनके दर्शन किए तो उनका सिर स्वयं ही बालक गोविन्द के चरणों में झुक गया।

साईं भीखन शाह ने बालक गोविन्द राय के आगे दो कटोरे रख दिए। एक कटोरे में दूध था और दूसरे में पानी था। साईं भीखन शाह का दूध के कटोरे से हिन्दू धर्म और पानी के कटोरे से दीने इस्लाम का तात्पर्य था। दोनों कटोरों को सामने रखकर वह यह जानना चाहते थे कि बड़े होकर बालक गोविन्द किसका पक्ष लेंगे और किसका विरोध करेंगे। उन्होंने मन–ही–मन सोच लिया था कि वह जिसका विरोध करेंगे उसी को लात मार देंगे।

साईं भीखन शाह के आश्चर्य की तब सीमा नहीं रही, जब बालक गोविन्द ने दोनों कटोरों को ही लात मारकर लुढ़का दिया। इसका स्पष्ट अर्थ था कि वह दोनों धर्मों को एक समान ही समझेंगे।

साईं भीखन शाह ने बालक गोविन्द के चरणों पर अपना सिर रखा और भविष्यवाणी की, "यह बालक साधारण बालक नहीं है। यह ईश्वरीय प्रकाश है। यह ईश्वर का प्रतिरूप है। बड़ा होकर यह यशस्वी बनेगा। वीरता और पराक्रम में बड़े–बड़े योद्धा इसका सामना नहीं कर पायेंगे। अत्याचारियों के विनाश और दीन–दुःखियों की सहायता के लिए इसने जन्म लिया है।"

❑❑

पटना में एक बहुत ही धन–वैभव सम्पन्न व्यक्ति रहता था। उसका नाम था राजा फतहचन्द।

राजा फतहचन्द के पास सब कुछ था, लेकिन कोई सन्तान नहीं थी। इस अभाव के कारण पति–पत्नी बहुत ही दुःखी रहते थे। उन्होंने तीर्थों की यात्राएं कीं, देवी–देवताओं की मनौतियां कीं। यज्ञ–हवन करवाए। दान–पुण्य किए लेकिन कोई लाभ नहीं हुआ।

अचानक किसी ने उन्हें बताया कि उन्हीं के शहर में एक विलक्षण बालक रहता है। वह सिक्खों के गुरु तेगबहादुर का बेटा है। उस पर ईश्वर की अपार अनुकम्पा है। आप दोनों उस बालक के दर्शन करने जाइए। ईश्वर ने चाहा तो आपकी मनोकामना अवश्य पूरी होगी।

उस आदमी की बात मानकर दोनों पति–पत्नी गुरु तेगबहादुर की हवेली में पहुंच गए। उन्होंने अपना दुःख माता गुजरी को बताकर कहा, "अगर आप चाहें तो हमारा दुःख दूर हो सकता हैं।"

"वह कैसे?"

"आपका पुत्र ईश्वर का अवतार है अगर वह कृपा कर दे तो हमारा सूना घर आबाद हो जायेगा।"

उस समय बालक गोविन्द राय आंगन में खेल रहे थे।

माता गुजरी ने उन्हें बुलाकर कहा, "देखो बेटे, ये लोग बहुत दूर से तुम्हारे दर्शन करने आए हैं। इनकी मनोकामना पूरी कर दो।"

बालक गोविन्द ने मुस्कुराते हुए रानी की ओर देखा और फिर बोले, "मां इनके पास बहुत–सी नावें हैं। पहले ये मुझे नाव में सैर कराएंगे फिर इनकी मनोकामना भी पूरी हो जायेगी।"

"आप हमारे साथ चलिए। आप जो भी नाव पसन्द करेंगे हम आपको उसी नाव में सैर करा देंगे।" राजा फतहचन्द ने प्रसन्न होकर कहा।

बालक गोविन्द राय अपनी माता की गोद से उतरे और पास ही पड़ी एक छड़ी उठा ली।

उन्होंने वह छड़ी पांच बार राजा फतहचन्द की रानी के सिर पर छुआने के बाद कहा, "इनकी गोद में एक नहीं पांच पुत्र खेलेंगे।"

और यह कहकर वह दौड़कर अपने साथियों के पास पहुंच गए और खेल में मग्न हो गए।

बालक गोविन्द राय का आशीर्वाद सफल हुआ। कुछ दिनों बाद ही रानी के गर्भ से एक पुत्र उत्पन्न हुआ।

इस घटना से राजा फतहचन्द और उनकी पत्नी हमेशा के लिए गुरु गोविन्द सिंह के भक्त बन गए। जब गुरु गोविन्द सिंह पटना छोड़कर आनन्दपुर आ गए तब भी वे दोनों दो–तीन बार उनके दर्शन करने आनन्दपुर आए थे।

❑❑

पटना में ही एक पंडित शिवदत्त थे। वह मर्यादा पुरुषोत्तम राम के भक्त थे। वह जिस घाट पर सुबह सवेरे स्नान–ध्यान करने जाया करते थे, वहीं बालक गोविन्द भी स्नान करने के लिए जाया करते थे।

एक दिन जब पंडित शिवदत्त गंगा में स्नान करने पहुंचे तो उन्होंने घाट पर ध्यान मग्न बैठे बालक गोविन्द राय को देखा। वह उनके चमत्कारों की अनेक कहानियां सुन चुके थे।

जब बालक गोविन्द ने आंखें खोलीं तो पंडित शिवदत्त उनके सामने जा खड़े हुए।

बालक गोविन्द राय ने मुस्कुराते हुए उनकी ओर देखा और प्रणाम करके बोले, "मेरे योग्य कोई सेवा हो तो बताइए पंडितजी।"

"आपके चमत्कार पूरे शहर में प्रसिद्ध हैं। लोग आपको भगवान का प्रतिरूप मानते हैं। लेकिन मुझे विश्वास नहीं होता। हां, अगर आप मुझे मेरे आराध्य देव भगवान राम के दर्शन करा दें तो मैं भी आपको चमत्कारी महान् आत्मा समझने लगूंगा।"

"पंडितजी, मैं नहीं जानता कि चमत्कार किसे कहते हैं और लोग मेरे बारे में क्या कहते हैं।" बालक गोविन्द ने बड़ी निरीहता से कहा, "वैसे अगर आप अपने आराध्यदेव राम के दर्शन करना चाहते हैं तो आंखें मूंदिए।"

पंडित शिवदत्त ने आंखें मूंद लीं।

सहसा उनकी बन्द आंखों की सतह पर एक प्रकाशपुंज उभरा और फिर धीरे–धीरे बढ़ता चला गया। उस प्रकाशपुंज में पंडित शिवदत्त ने भगवान राम को उसी रूप में देखा जिस रूप में वह पूजा किया करते थे। कुछ देर बाद वह प्रकाशपुंज धीरे–धीरे प्रकाश के एक छोटे से गोले में परिवर्तित हो गया। और फिर वह प्रकाश बालक गोविन्द में समा गया।

"मेरे राम, यह कैसा चमत्कार? भगवान राम बालक गोविन्द के शरीर में समा गए। अवश्य ही यह बालक भगवान राम का अवतार है।" पंडित शिवदत्त ने भावविभोर होकर कहा और बालक गोविन्द के चरण पकड़ लिए।

बालक गोविन्द ने मुस्कुराकर पंडित शिवदत्त के सिर पर हाथ रख दिया।

पंडित शिवदत्त को लगा जैसे उनकी जन्म भर की साधना पूरी हो गई हो। हर्षातिरेक से उनकी आंखें छलक आईं। गला रुंध गया। चाह कर भी शब्द उनके होंठों से नहीं निकल सके।

❑❑

बचपन से ही बालक गोविन्द मोह–माया से दूर थे। एक बार माता गुजरी ने उनके हाथों में सोने के मूल्यवान कंगन पहना दिए।

कई दिन बाद अचानक उनकी नजर पुत्र के हाथों पर पड़ी। देखा उनका एक हाथ खाली है।

"बेटा, एक कंगन कहां गया?" उन्होंने हैरानी से पूछा।

"माताजी, एक कंगन गुम हो गया अभी–अभी।"

"कहां?" माता गुजरी चौंक पड़ीं, "वह तो बहुत ही मूल्यवान कंगन है बेटा! मुझे उस जगह ले चलो, जहां तुम खेल रहे थे। शायद वहीं कहीं पड़ा हो।"

"चलिए।"

माता गुजरी पुत्र के साथ चल पड़ीं।

बालक गोविन्द उन्हें लेकर गंगा किनारे पहुंच गए।

उन्होंने दूसरा कंगन भी उतार लिया और गंगा की धारा में फेंककर बोले–"माताजी, वह कंगन वहां गुम हुआ था।"

"ओह, तुमने यह क्या किया बेटा, दूसरा कंगन भी फेंक दिया।"

"माताजी, इस कंगन को फेंककर मुझे ऐसा लग रहा है कि आपने मेरे हाथों में माया की जो बेड़ियां पहना दी थीं, मैं उनसे मुक्त हो गया।" बालक गोविन्द ने कहा, "मां, मैं संसार की मोह–माया के बन्धनों में बंधना नहीं चाहता। मुझे आप इनसे मुक्त ही रहने दीजिए। अगर मैं इन बन्धनों में बंध गया तो पिताजी और गुरु नानक देव जी के बताए हुए रास्ते पर नहीं चल पाऊंगा।"

तीन–चार वर्ष के बालक के मुंह से यह सुनकर पहले तो मां आश्चर्य से पुत्र का मुख देखती रहके और फिर उन्होंने उसे अपनी गोद में छिपा लिया।

❑❑

गुरु गद्दी पर आसीन होते ही गुरु गोविन्द सिंह ने सिक्खों को भक्ति के साथ शक्ति की शिक्षा भी देनी आरंभ कर दी। उन्होंने हिन्दुओं के मन–मस्तिष्क में जड़ जमाकर बैठी हुई हीन–भावना को नष्ट करने का प्रयास शुरू कर दिया। उन्होंने थोड़े से दिनों में ही देश और धर्म की रक्षा के लिए सर्वस्व निछावर करनेवाली एक ऐसी सेना संगठित कर ली, जो मुग़लों के अत्याचारों का डटकर प्रतिरोध कर सके।

उन्होंने कवियों और विद्वानों को संगठित करके एक ऐसी सेना की स्थापना की जो अपनी लेखनी द्वारा हिन्दू समाज में नई चेतना और नई जागृति भर सके।

उन्होंने अपने अनुयायियों से कहा कि वे शस्त्र धारण करें ताकि समय पड़ने पर अपनी और दूसरों की रक्षा कर सकें।

उन्होंने काबुल से अच्छे–अच्छे घोड़े मंगवाए और सिक्खों को प्रोत्साहित किया कि वे उन्हें किसी अन्य वस्तु भेंट में देने के बजाय शस्त्र और घोड़े भेंट स्वरूप दें।

उन्होंने थोड़े से दिनों में ही आनन्दपुर को एक सैनिक छावनी का रूप दे दिया। नगर की सुरक्षा के लिए एक मजबूत चारदीवारी बनवाई गई और अपने निवास स्थान को एक सुदृढ़ क़िले के रूप में परिवर्तित कर दिया।

उन्होंने एक ऐसा नगाड़ा बनवाया, जिसकी आवाज कई कोस दूर तक जाती थी। उस नगाड़े का नाम उन्होंने रणजीत नगाड़ा रखा। जब भी वह नगाड़ा बजाया जाता था, कोसों दूर रहने वाले सिक्ख अपने अस्त्र–शस्त्र ले घोड़ों पर सवार होकर गुरुजी के पास पलक झपकते पहुंच जाते थे।

उन्होंने अपनी सेना का नाम रखा सन्त सेना। हर युवा और स्वस्थ सिक्ख को उन्होंने सन्त सेना में भर्ती होने की प्रेरणा दी। देखते–ही–देखते काबुल, कन्धार, ग़ज़नी और बुखारा तक के उनके अनुयायी उन्हें अस्त्र–शस्त्र और घोड़ों की भेंट करने लगे ताकि वे सन्त सेना के काम आ सकें।

उन्होंने अपने अनुयायियों को आदेश दिया कि वे हर समय चौकन्ने और सावधान रहें। युद्ध किसी भी समय उनके दरवाजे पर दस्तक दे सकता है।

सन्त सेना के सैनिकों ने उनके सामने प्रतिज्ञा की कि देश और धर्म की रक्षा के लिए वे अपना सर्वस्व बलिदान कर देंगे।

सन्त सेना मुट्ठी भर थी लेकिन उसका मनोबल बहुत ऊंचा था।

संवत् 1756 वैशाखी का पावन पर्व।

उस दिन जैसे सारे देश के रास्ते, सड़कें और पगडंडियां आनन्दपुर पहुंचकर समाप्त होती चली जा रही थीं। सिक्खों के जत्थे–के–जत्थे आनन्दपुर की ओर बढ़ते चले जा रहे थे। कोई असम से आ रहा था तो कोई बंगाल से। कोई जत्था बिहार से आ रहा था तो कोई कश्मीर से। कोई महाराष्ट्र से तो कोई मध्यप्रदेश से। कोई उत्तर प्रदेश से तो कोई गुजरात से। कोई कश्मीर से तो कोई दिल्ली से।

उनकी जातियां भिन्न थीं। उनकी भाषाएं भिन्न थीं। उनके रंग–रूप और पोशाकें भिन्न थीं। लेकिन उनकी मंजिल एक थी। संकल्प एक था, विचार एक था। वे सब एक ही प्रतिज्ञा में बंधे हुए थे। जिस प्रकार उनके गुरु गुरु तेगबहादुर ने सीस दे दिया, लेकिन अपना धर्म नहीं छोड़ा उसी प्रकार वे भी धर्म के लिए अपना शीश चढ़ा देंगे।

आनन्दपुर नगर और नगर के बाहर एकत्र सिक्खों की विशाल भीड़ को देखकर ऐसा लग रहा था, जैसे भारत की अधिकांश हिन्दू जनता आनन्दपुर में आ सिमटी हो।

एक खुले मैदान में शानदार शामियाने लगाए गये थे, जिनमें पचास हजार सिक्ख बैठे हुए थे।

उन्हीं शामियाने के ठीक सामने एक रेशमी शामियाना लगाया गया था। शामियानों से बने उस पंडाल को बहुत ही सुन्दरता से सजाया गया था।

गुरु गोविन्द सिंह ने एक विशाल यज्ञ किया और यज्ञ के बाद वह शामियाने के पीछे वाले तम्बू में चले गये।

कुछ देर बाद वह तम्बू से निकल कर शामियाने के नीचे आ खड़े हुए और अपनी तलवार म्यान से निकालकर बोले, "मुझे एक शीश चाहिए। है कोई माई का लाल जो गुरु के नाम पर अपना शीश अर्पण कर सके?"

पंडाल में सन्नाटा छा गया।

"मेरा शीश हाजिर है सच्चे बादशाह" सहसा लाहौर निवासी दयाराम ने उठकर कहा।

"तो फिर मेरे पास आओ।"

युवक दयाराम बड़ी निर्भीकता से आगे बढ़ा और दोनों हाथ जोड़कर गुरु गोविन्द सिंह के सामने जा खड़ा हुआ।

गुरुजी उसे तम्बू के अन्दर ले गए।

थोड़ी देर बाद तम्बू के अन्दर से ऐसी आवाज आई जैसे गुरुजी ने तलवार के एक ही वार से दयाराम का सिर उड़ा दिया हो।

खून की धार तम्बू से निकल कर बाहर बहने लगी थी।

थोड़ी देर बाद गुरु गोविन्द सिंह बाहर आए। उनकी तलवार से खून की बूंदें टपक रही थीं।

"मुझे एक शीश और चाहिए।" उन्होंने गरजती हुई आवाज में कहा, "है कोई ऐसा वीर पुरुष जो शक्ति की देवी को अपना शीश अर्पण कर सके?"

गुरु गोविन्द सिंह का भयानक रूप देखकर पहले से भी अधिक गहरा सन्नाटा छा गया।

सहसा दिल्ली निवासी भाई धर्मदास उठा और गुरुजी के सामने पहुंचकर उसने अपना सिर झुका दिया।

गुरुजी उसे भी तम्बू के अन्दर ले गए।

फिर वैसी ही आवाज सुनाई दी और तम्बू से बहती हुई खून की धार और भी मोटी हो गई।

इस प्रकार एक-एक कर गुरुजी ने तीन और शीशों की मांग की।

द्वारिका निवासी भाई मोहनचन्द, बीदर निवासी भाई साहब चन्द और भाई हिम्मत राम—एक-एक कर तीनों युवक उनके सामने आ खड़े हुए।

गुरुजी उन तीनों को एक-एक कर अन्दर ले गए।

पंडाल में बैठे सिक्ख जान गए कि गुरुजी ने उन तीनों को भी शक्ति देवी की भेंट चढ़ा दिया।

तम्बू से बाहर आकर गुरुजी ने एक भट्टी पर एक बहुत बड़ा कड़ाह रख दिया। उसमें जल भरवा दिया और गुरुओं की वाणी का पाठ करते हुए उस जल में अपना खांड़ा चलाने लगे।

माता सुन्दरी ने उस जल में कुछ बताशे डाल दिए।

जब बताशे जल में घुल गए और पाठ पूरा हो गया तो गुरुजी ने तम्बू के दरवाजे पर पड़ा पर्दा हटा दिया।

पंडाल में बैठे सिक्खों की आंखें फटी-की-फटी रह गईं।

वे पांचों युवक वीर वेश में उनके सामने जीते-जागते खड़े थे।

गुरुजी ने पांचों को कड़ाह में से अमृत पिलाया और फिर उनके हाथ से स्वयं पिया।

उन्होंने घोषणा की—"आज से मैं अपना नाम गोविन्द राय के बजाय गोविन्द सिंह रख रहा हूं। इसी तरह आज से हर सिक्ख के नाम के साथ सिंह लगाया जायेगा। उनकी जो भी सन्तान होगी, उसके नाम के साथ भी सिंह जोड़ा जाया करेगा। आज से सिक्ख अपने आपको सिंह के समान शक्तिशाली समझेंगे।"

उन्होंने घोषणा की—"आज से सिक्ख पंथ का नाम खालसा पंथ होगा-खालसा यानी युद्ध। और जो इस पंथ के अनुयायी होंगे वे भी खालसा कहकर पुकारे जायेंगे। आज से इस अमृत का पान करने के

बाद कोई भी सिक्ख अपने बाल नहीं काटेगा। उसे पांच ककार—केश, कड़ा, कच्छा, कटार और कंघा हर समय अपने साथ रखने पड़ेंगे। उसे प्रतिज्ञा करनी होगी कि जब भी धर्म पर कोई संकट आयेगा वह अपना सर्वस्व निछावर कर देगा। इन पांचों सिंहों की तरह मौत का नाम सुनकर घबरायेगा नहीं।''

सारा पंडाल 'वाहे गुरुजी का खालसा—वाहे गुरुजी की फतह' के नारों से गूंज उठा।

और जब सभा विसर्जित हुई तो धरती और आकाश पचास हजार सिंहों की गर्जना से गूंज उठा—

''जो बोले सो निहाल
सत श्री अकाल''

❑❑

और पचास हजार सिंहों की यह गर्जन, आनन्दपुर के आसपास दूर तक बिखरे पहाड़ों को कंपाती हुई पहाड़ी राजाओं के कानों में गूंज उठी।

उनकी रातों की नींद और दिन का चैन नष्ट हो गया।

गुरु गोविन्द सिंह की बढ़ती हुई सैनिक शक्ति को देखकर वे पत्ते की तरह कांपने लगे।

वे सब दिल्ली के मुग़ल सम्राट को वार्षिक कर देते थे। उसकी अधीनता स्वीकार कर ली थी उन राजाओं ने। लेकिन दिल्ली दूर थी। वैसे तो औरंगज़ेब से सहायता की उन्हें कोई आशा थी ही नहीं और अगर औरंगज़ेब उनकी सहायता के लिए सेना भेज भी देगा तो जब तक सेनाएं यहां पहुंचेंगी तब तक तो सिक्खों की सेना उनका सर्वनाश कर चुकी होगी।

उन्होंने मिलकर एक साथ आनन्दपुर पर भीषण आक्रमण करने का निश्चय कर लिया।

पहाड़ी राजाओं की सम्मिलित सेना ने आनन्दपुर की ओर कूच कर दिया। लेकिन गुरु गोविन्द सिंह की वीरवाहिनी ने भंगाणी नामक स्थान पर पहाड़ी राजाओं की बढ़ती हुई सेना को रोक लिया और उस पर बाज की तरह टूट पड़ी।

गुरु गोविन्द सिंह और उनकी खालसा सेना की वीरता और पराक्रम की यह पहली परीक्षा थी।

पहाड़ी राजाओं की सम्मिलित विशाल सेना सिंहों की सेना का सामना नहीं कर पाई। बहुत जल्द उसके पांव उखड़ गए और वह युद्ध का सारा सामान अस्त्र–शस्त्र और रसद छोड़कर भाग चली।

यह वैशाख संवत् 1744 की घटना है।

सिक्ख सेना के हाथ युद्ध का ढेर सारा सामान लगा और वह उसे लेकर विजय पताका फहराती हुई आनन्दपुर लौट आई।

युद्ध अनिवार्य है। इसलिए गुरु गोविन्द सिंह ने लोहगढ़ आदि पांच सुदृढ़ क़िलों का निर्माण कराया और उन्हें अस्त्र, शस्त्रों और रसद आदि से भर दिया।

❑❑

औरंगज़ेब के जासूस गुरु गोविन्द सिंह के हर बढ़ते हुए कदम की जानकारी उस तक पहुंचा रहे थे। गुरु गोविन्द सिंह की बढ़ती हुई शक्ति को सुनकर औरंगज़ेब को बहुत गुस्सा आया। और जब उसे यह सूचना मिली कि गुरु गोविन्द सिंह ने पहाड़ी राजाओं को दो बार युद्ध में करारी मात देकर उनसे चौथ वसूल करना शुरू कर दिया है तो वह आग बबूला हो उठा।

उसने पंजाब के सूबेदार वजीर खां को आदेश दिया कि सिक्खों की शक्ति को तहस–नहस करके गुरु गोविन्द सिंह को गिरफ्तार कर ले और उन्हें दिल्ली दरबार में पेश करे।

वजीर खां एक विशाल सेना लेकर आनन्दपुर की ओर चल दिया।

गुरु गोविन्द सिंह को मुग़ल सेना की गतिविधियों का पता चल गया। उन्होंने क़िले का मुख्यद्वार बन्द करा दिया और अपनी सेना के साथ मुग़ल सेना से टक्कर लेने की तैयारियां करने लगे।

वजीर खां की विशाल सेना ने आनन्दपुर को चारों ओर से घेर लिया। वजीर खां ने क़िले का दरवाजा तोड़कर सेना को अन्दर घुसने की आज्ञा दी, लेकिन सिक्ख सैनिकों के तीरों की बौछारों ने मुग़ल सैनिकों को क़िले के द्वार तक नहीं पहुंचने दिया।

रात के अंधेरे में सिक्ख सैनिक किले से निकलते और सोयी हुई मुग़ल सेना पर टूट पड़ते। और हजारों सैनिकों को मौत के घाट उतारने के बाद फिर किले में लौट आते।

किले का द्वार फिर बन्द कर दिया जाता।

मुग़लों की सेना दिन–पर–दिन कम होती जा रही थी, लेकिन वजीर खा ने घेरा नहीं उठाया। वह छः महीने तक आनन्दपुर का घेरा डाले पड़ा रहा।

आनन्दपुर के किले में रसद की कमी हो गई थी। फिर भी गुरु गोविन्द सिंह ने हिम्मत नहीं हारी।

और फिर एक दिन वह अपने सिक्ख योद्धाओं के साथ किले सें निकले और बाज की तरह मुग़ल सेना पर टूट पड़े।

आक्रमण इतना अचानक हुआ था कि मुग़ल सैनिकों को अपने हथियार उठाने का मौका तक नहीं मिला। वे युद्ध–क्षेत्र छोड़कर भाग गये।

विजय के साथ–साथ युद्ध का ढेर सारा सामान सिक्ख सेना को हाथ लगा और वह विजय के डंके बजाती हुई किले में लौट आई।

पराजित वजीर खां वापस लाहौर लौट गया।

जब औरंगज़ेब को मुग़ल सेना की इस शर्मनाक पराजय की ख़बर मिली तो वह क्रोध से पागल हो उठा। उसने पहली सेना से भी कहीं बड़ी सेना आनन्दपुर पर चढ़ाई करने के लिए भेज दी।

मुग़ल सेना ने टिड्डी दल की तरह आनन्दपुर को घेर लिया।

लेकिन मुग़ल सेनापति पिछले युद्ध की पराजय से जान गए थे कि महीनों घेरा डाले रहने पर भी वे सिक्ख सेना पर विजय नहीं पा सकेंगे। इसलिए उन्होंने धोखे से काम लेने की योजना बना ली। उन्होंने गुरु गोविन्द सिंह के पास सन्देश भेजा किं उन्हें केवल आनन्दपुर का किला चाहिए। यदि गुरु गोविन्द सिंह किला छोड़कर चले जायें तो मुग़ल सेना युद्ध बन्द कर देगी। बाद में क़िला भी लौटा दिया जायेगा।

गुरु गोविन्द सिंह ने नगर की स्त्रियों और बच्चों को सुरक्षित स्थानों पर भेज दिया। लेकिन जैसे ही वह अपनी सेना के साथ किले से बाहर निकले, मुग़ल सेना ने उन्हें घेर लिया।

भीषण युद्ध आरम्भ हो गया। सिक्ख सैनिक भी बहादुरी से लड़े लेकिन वे मुग़ल सेना के इस अचानक आक्रमण के लिए तैयार नहीं

थे। गुरु गोविन्द सिंह ने सपने में भी नहीं सोचा था कि उन्हें इस तरह धोखा दिया जायेगा।

एक–एक सिक्ख सैनिक ने दस–दस मुग़ल सैनिकों का सफाया करके वीरगति प्राप्त की और मुग़ल सेना को चीरते हुए चमकौर पहुंच गए।

❑❑

गुरु गोविन्द सिंह का पहला विवाह संवत् 1734 में जीतो नामक कन्या के साथ हुआ था। उनके तीन पुत्र थे–जुझार सिंह, जोरावर सिंह और फतह सिंह।

दूसरी पत्नी का नाम सुन्दरी था, जिनके गर्भ से अजीत सिंह ने जन्म लिया था।

उनका तीसरा विवाह देवा के साथ हुआ था, जिनके कोई सन्तान नहीं थी। उन्हें निःसन्तान देखकर गुरु गोबिन्द ने उससे कहा था कि वह खालसा पंथ को अपनी सन्तान समझे। इसीलिए आज भी सिक्ख गुरु गोविन्द सिंह को अपना धार्मिक पिता और माता देवा को अपनी मां कहता है।

जिस समय गुरु गोविन्द सिंह ने आनन्दपुर छोड़ा था, अपना सारा खजाना बोरियों में भरवाकर एक नाव में रखवा दिया था। उसी नाव में उनके दो पुत्र जोरावर सिंह और फतहसिंह तथा उनकी मां गुजरी थीं। उन्होंने अपने विश्वासपात्र रसोइए गंगू ब्राह्मण को आदेश दिया कि माताजी और दोनों बच्चों को कुछ दिनों के लिए अपने घर ले जाएं। वहां वह मुग़ल सैनिकों की नजरों से बचकर रह सकेंगे।

लेकिन, अपने घर पहुंचकर उस अपार धन को देख गंगू के मन में लालच पैदा हो गया। उसने सरहिन्द के मुग़ल शासक को सूचना दे दी कि गुरु गोविन्द सिंह की मां और उनके दोनों बेटे उसके घर में छिपे हुए हैं।

सरहिन्द के शासक ने गंगू की इस नमकहरामी के लिए पुरस्कार दिया और अपने सैनिकों को भेजकर माता गुजरी तथा दोनों बच्चों को गिरफ्तार करके पंजाब के सूबेदार वजीर खां के सामने पेश कर दिया।

दोनों बालकों के चेहरे पर ईश्वरीय तेज देखकर सूबेदार वजीर खां सोचने लगा कि अगर इन दोनों बालकों को मुसलमान बना लिया

जाए तो इस्लाम का बहुत भला होगा। साथ ही, सिक्खों का मनोबल भी टूट जायेगा। यह सोचकर उसने दोनों बच्चों से कहा, "देखो बच्चों, तुम्हारे पिता युद्ध में हार कर भाग गए हैं। हम तुम्हें मारना नहीं चाहते। तुम इस्लाम धर्म अपना लो। हम तुम्हें इज्जत और प्यार के साथ रखेंगे। तुम्हें बहुत बड़ी जागीर भी दे देंगे।"

लेकिन, दोनों वीर बालकों के शरीर में तो शहीद गुरु तेगबहादुर और वीर योद्धा गुरु गोविन्द सिंह का खून बह रहा था। उन्होंने बड़ी निर्भीकता से उत्तर दिया, "हम अपना धर्म नहीं छोड़ सकते। आपका कोई भी प्रलोभन हमें धर्म के रास्ते से डिगा नहीं सकता।"

सूबेदार वजीर खां ने उन्हें समझाने की बहुत कोशिश की, लेकिन दोनों बालकों ने बड़ी दृढ़ता से इनकार करते हुए कहा, "हम अपना निश्चय आपको बता चुके हैं। किसी भी दशा में अपना धर्म छोड़कर इस्लाम धर्म ग्रहण नहीं कर सकते।"

"अगर तुमने मेरी बात नहीं मानी तो तुम्हें मौत की सजा दी जायेगी।" सूबेदार वजीर खां क्रोध से तिलमिला गया।

"हमें मरना मंजूर है, लेकिन हम अपना धर्म नहीं छोड़ सकते।"

"तो फिर ठीक है" सूबेदार ने कहा और हुक्म दिया कि एक दीवार बनाई जाए और दोनों बच्चों को उस दीवार में चिनवा दिया जाए।

ऐसा ही किया गया।

दोनों बालकों को एक स्थान पर खड़ा कर दिया गया और उनके चारों ओर दीवार बनानी शुरू कर दी गई।

दोनों बच्चों ने आंखें मूंद लीं और जपुजी का पाठ करने लगे।

जब दीवार उनकी गर्दन तक आ गई तो वजीर खां ने उन्हें एक बार फिर समझाने की कोशिश की। लेकिन उसका कोई भी लालच बच्चों को कर्तव्य के मार्ग से हटा नहीं सका।

धीरे-धीरे दीवार ऊंची होती चली गई और फिर दीवार ने उन दोनों शहीदों को अपने आंचल में छिपा लिया।

जब उनकी दादी माता गुंजरी ने अपने पोतों के इस तरह शहीद हो जाने का समाचार सुना तो उन्होंने एक बुर्जे पर से छलांग लगाकर अपने जीवन का अंत कर दिया।

उस समय गुरु गोविन्द सिंह चमकौर के क़िले में थे। मुग़ल सेना

चमकौर के क़िले को चारों ओर से घेर रखा था। गुरु गोविन्द सिंह के दोनों पुत्र अजीत सिंह और जुझार सिंह एक–एक कर सिक्ख सेना का नेतृत्व करते हुए शहीद हो चुके थे।

जब गुरु गोविन्द सिंह को अपने दोनों छोटे पुत्रों के शहीद हो जानें का समाचार मिला तो वह बिलकुल विचलित नहीं हुए। उन्होंने बड़ी निर्भीकता से कहा, "अपने देश और धर्म की रक्षा के लिए मैंने अगर अपने चार बेटे न्यौछावर कर दिए तो क्या हुआ। अभी मेरे हजारों बेटे जिवित हैं।"

चमकौर का युद्ध करने के लिए नई सेना संगठित करना आवश्यक था। इसलिए, वह जगह–जगह घूमकर सिक्खों को सेना में भर्ती होने के लिए प्रोत्साहित करने लगे।

वह एक स्थान पर डेरा डाले पड़े थे कि अचानक मुग़ल सैनिकों ने उनको घेर लिया। सिक्ख सैनिकों की संख्या बहुत ही कम थी।

सहसा एक सिक्ख ने गुरु गोविन्द सिंह जैसे कपड़े पहन लिए और दोनों हाथों से तलवारें घुमाते हुए मुग़ल सेना पर टूट पड़ा। मुग़ल नेक उसे गुरु गोविन्द सिंह समझ बैठे और उसे पकड़ने के लिए उसके पीछे–पीछे भागने लगे।

वह सिक्ख घोड़ा दौड़ाता हुआ जब दूर निकल गया और मुग़ल नेक उसके पीछे दौड़ते चले गए तो गुरु गोविन्द सिंह वहां से निकल गये।

इसी प्रकार, एक बार जब एक गांव के पास मुग़ल सेना ने उन्हें घेर लिया तो दो पठानों ने उन्हें एक पालकी में बैठा दिया और पालकी एक गांव से दूसरे गांव की ओर चल दी।

मुग़ल सैनिकों ने उन्हें रोककर पूछा, "पालकी में कौन है?"

"पालकी में हमारा पीर है," दोनों पठानों ने अपनी तलवारें निकाल लीं, "खबरदार, पालकी को हाथ मत लगाना।"

मुग़ल सैनिक पठानों की दृढ़ता और वीरता से अच्छी तरह परिचित थे। उन्होंने पठानों को जाने की इजाज़त दे दी।

दोनों पठानों ने पालकी उठाई और घने जंगल की ओर चल दिए।

गुरु गोविन्द सिंह के वेशधारी सिक्ख के मारे जाने पर वजीर खां ने यह समझ लिया कि गुरु गोविन्द सिंह युद्ध में मारे गए। वह अपनी सेना लेकर लाहौर चला गया।

गुरु गोविन्द सिंह विद्रोह की ज्वाला धधकाने के लिए दक्षिण की ओर जाने का विचार कर ही रहे थे कि अचानक औरंगज़ेब की मृत्यु हो गई। राज्य सिंहासन के लिए औरंगज़ेब के पुत्रों में युद्ध आरम्भ हो गया।

औरंगज़ेब का शाहज़ादा मुआज्ज़म गुरु गोविन्द सिंह से पहले भी मिल चुका था। वह उनका प्रशंसक और भक्त था। उसने गुरु गोविन्द सिंह से सहायता की प्रार्थना की।

गुरु गोविन्द सिंह के पास उस समय थोड़ी–सी सेना थी। फिर भी उन्होंने शाहज़ादा मुआज्ज़म की सहायता की। जिससे वह जीत गया और बहादुर शाह के नाम से दिल्ली के सिंहासन पर बैठ गया।

बहादुर शाह अपने पिता औरंगज़ेब की तरह धर्मान्ध नहीं था इसके अतिरिक्त, वह यह भी जानता था कि मुग़ल सेना की शक्ति क्षीण हो चुकी है। दक्षिण में शिवाजी और बुन्देलखंड में ओरछा के शासक छत्रसाल ने मुग़ल साम्राज्य की जड़ें हिला दी थीं।

बादशाह बहादुर शाह ने गुरु गोविन्द सिंह को दिल्ली आमन्त्रित किया।

जब गुरु गोविन्द सिंह दिल्ली पहुंचे तो उनका जोरदार स्वागत किया गया। बहादुर शाह ने उन्हें वचन दिया कि मुग़ल सैनिक अब किसी भी सिक्ख को परेशान नहीं करेंगे।

गुरु गोविन्द सिंह कुछ दिनों दिल्ली रहे और फिर दक्षिण की ओर चल पड़े।

कई नगरों का भ्रमण करते हुए वह गोदावरी के तट पर पहुंचे, जहां एक विशाल मठ था। उस मठ में माधोदास नाम के एक वैरागी रहते थे। जब गुरु गोविन्द सिंह से उनकी भेंट हुई और गुरुजी ने उनका नाम पूछा तो उन्होंने उत्तर दिया, "मैं तो आपका बन्दा हूं।"

बस उसी दिन से माधोदास वैरागी का नाम गुरु गोविन्द सिंह ने बन्दा वैरागी रख दिया।

बन्दा वैरागी गोदावरी तट पर आने वाले तीर्थ यात्रियों से पंजाब के समाचार सुन चुके थे। हिन्दुओं पर मुसलमानों के होने वाले अत्याचारों को सुन–सुनकर उनका खून खौलता रहता था। जब उन्होंने गुरु गोविन्द सिंह और उनके साथ आये हुए सिक्खों से मुग़लों के लोमहर्षक अत्याचारों और गुरु गोविन्द सिंह के छोटे–छोटे दोनों बच्चों के दीवार में चुने जाने

की घटना सुनी तो जैसे उनका क्रोध ज्वालामुखी बनकर फट पड़ा।

उन्होंने प्रतिज्ञा की कि उन बच्चों को दीवार में चुनने वालों को वह इससे भी कहीं ज्यादा बुरी तरह मारेंगे।

उन्होंने गुरुजी से पंजाब जाने की अनुमति ले ली। मठ गुरुजी को सौंप दिया और मठ की सारी सम्पत्ति लेकर कुछ सिक्खों के साथ पंजाब की ओर चल दिए।

औरंगज़ेब की मृत्यु के बाद पंजाब का वातावरण कुछ शांत हो गया था। बन्दा वैरागी ने सिक्खों और हिन्दुओं की एक विशाल सेना संगठित की और बिजली की तरह सरहिन्द पर टूट पड़े।

बन्दा वैरागी की सेना ने सरहिन्द के किले को धूल में मिला दिया। वहां जितने भी मुग़ल सैनिक थे, लगभग सभी मारे गए। जो बच रहे, वे जान बचाकर भाग गए।

बन्दा वैरागी ने सरहिन्द के शासक को पकड़ लिया और अपने हाथों से बड़ी क्रूरता से उसे मार डाला।

सरहिन्द पर अधिकार करने के बाद, बन्दा वैरागी की सेना लाहौर की ओर चल पड़ी। वे लाहौर के सूबेदार वजीर खां को भी इसी तरह मारना चाहते थे। क्योंकि उसी ने गुरु गोविन्द सिंह के बच्चों को दीवार में चुने जाने का हुक्म दिया था।

सिक्ख सेना ने लाहौर का क़िला घेर लिया। कई दिन तक मुग़ल सेना के साथ युद्ध चलता रहा। अन्त में, सिक्ख सैनिकों की मार से घबरा कर मुग़ल सेना के पांव उखड़ गए।

बन्दा वैरागी ने सूबेदार वजीर खां को भी बड़ी बेरहमी से अपने हाथों से कत्ल कर दिया।

गुरु गोविन्द सिंह के बेटों की हत्या का बदला ले लेने के बाद भी बन्दा वैरागी के हृदय में धधकती प्रतिशोध की ज्वाला शान्त नहीं हुई। उन्होंने बहुत शीघ्र एक विशाल सेना संगठित कर ली और गुरु गोविन्द सिंह के जिन क़िलों पर मुग़ल सेना ने अधिकार कर लिया था, उनके अलावा मुग़लों के भी अनेक क़िलों पर अपना अधिकार कर लिया।

बन्दा वैरागी के नाम से ही मुग़ल सैनिक पंजाब छोड़कर भागने लगे और बहुत शीघ्र पंजाब मुग़ल सेनिकों से खाली हो गया। बन्दा

वैरागी ने पूरे पंजाब पर, जिसकी सीमा हरियाणा से लेकर सीमा प्रान्त तक फैली हुई थी, कब्जा कर लिया।

एक रात गुरुजी अपने डेरे में सो रहे थे। अचानक दो पठान चारों ओर फैले अंधेरे का लाभ उठाकर डेरे में घुस आए।

आहट सुनकर गुरुजी की आंखें खुल गईं। उन्होंने बड़ी फुर्ती से तलवार उठाई और एक पठान का सिर भुट्टे की तरह उड़ा दिया।

लेकिन, इसी बीच दूसरे पठान ने उनकी पीठ में छुरा भोंक दिया और भाग निकला।

लेकिन तब तक गुरुजी के साथ आये हुए सिक्ख जाग गए थे।

उन्होंने दौड़कर उस भागते हुए पठान को पकड़ लिया और तलवार से उसके टुकड़ें–टुकड़े कर दिए।

गुरु गोविन्द सिंह की पीठ का घाव बहुत गहरा था लेकिन वह धीरे–धीरे भर गया।

अभी वह पूरी तरह स्वस्थ नहीं हो पाए थे कि एक धनुष की डोरी चढ़ाते ही वह घाव फिर खुल गया।

काफी इलाज किया गया, लेकिन घाव बढ़ता ही चला गया।

गुरु गोविन्द सिंह की उम्र अभी केवल इक्तालीस वर्ष की ही थी, लेकिन अपनी अस्वस्थता देखकर उन्हें अनुमान हो गया था कि अब उनका अन्तिम समय आ पहुंचा है।

उन्होंने अपने साथी सिक्खों को बुलाया और कहने लगे–''मेरा अन्तिम समय निकट आ चुका है। हो सकता है, मैं सुबह का सूरज भी न देख सकूं। मेरे बाद सिक्खों का कोई गुरु नहीं होगा। मेरे बाद तुम लोग गुरु ग्रन्थ साहब को ही अपना गुरु मानोगे और उन्हीं से आदेश प्राप्त किया करोगे। गुरु ग्रन्थ साहब ही अब तुम लोगों का मार्गदर्शन करेंगे।''

सिक्खों को अन्तिम आदेश देने के बाद, उन्होंने अपना नश्वर शरीर त्याग दिया। उनकी आत्मा परमपिता परमात्मा में लीन हो गई।

वह रात 7 अक्टूबर, सन् 1708 की काली रात थी।

❑